MÉMOIRE

SUR

L'IMPOT FONCIER

AU JAPON

MÉMOIRE

SUR

L'IMPOT FONCIER

AU JAPON

PAR

M. MATSOUGATA (Masayochi)

VICE-MINISTRE DES FINANCES
MEMBRE DE LA COMMISSION DE LA RÉFORME DE L'IMPOT FONCIER
ANCIEN DIRECTEUR GÉNÉRAL DES DOUANES ET CONTRIBUTIONS
AU MINISTÈRE DES FINANCES
PRÉSIDENT DE LA SECTION JAPONAISE
A L'EXPOSITION UNIVERSELLE

TRADUIT DU JAPONAIS

PAR

YAMADA (Torakiti)

ATTACHÉ A LA COMMISSION IMPÉRIALE DU JAPON
A L'EXPOSITION UNIVERSELLE

PARIS

TYPOGRAPHIE GEORGES CHAMEROT

19, RUE DES SAINTS-PÈRES, 19

1878

MÉMOIRE

SUR

L'IMPOT FONCIER AU JAPON

RÉSUMÉ HISTORIQUE

DEPUIS LA PLUS HAUTE ANTIQUITÉ JUSQU'A LA RÉFORME DE LA 6me ANNÉE DE MÉIDJI (1873).

On sait peu de choses, de nos jours, sur ce qu'était dans l'antiquité la contribution foncière au Japon. Cependant, l'archéologie, recueillant tout ce qui, sur cette matière, se trouve épars dans nos Annales, autorise à croire que nos ancêtres ont adopté les lois et coutumes coréennes de cette époque.

L'unité de mesure agraire était nommée *Fô*. (C'était une mesure de surface de 1^{m},80 de côté. Naguère encore, cette dénomination était usitée dans quelques districts de la province de Tosa.) Vingt-cinq *Fô* formaient un *Daï*, et on imposait une contribution d'une gerbe et demie (un *sokou* et demi) de riz par cinquante *Daï* (4,050$^{m.q.}$).

Plus tard, à l'époque de l'ère de *Taï-Kaua* (vers 645 de l'ère chrétienne), on changea la grandeur de l'unité superficielle, qui n'eut plus que 1^{m},50 de côté, tout en lui conservant l'ancien nom de *Fô*. Trois cents *Fô* formaient un *Tan* (675$^{m.q.}$), et on imposa chaque *Tan* de quatre gerbes de riz.

Pendant les années de l'ère de *Chutio* (vers 686 ap. J.-C.), on reprit l'ancienne mesure et l'ancienne taxe. Dans les années de *Taïfo* (vers 701 ap. J.-C.), on revint de nouveau aux règlements de l'époque de *Taï-Kaua*. Cependant, sous l'ère de *Keïvoun* (vers 704 ap. J.-C.), on diminua la taxe de l'impôt de trois *Chô* et cinq *Gô* ($0^{m.c.}$,001,900) par *Tan* ($978^{m.q.}$).

Pendant l'ère dite *Watô* (vers 706 ap. J.-C.), on commença à se servir des mesures chinoises (celles des dernières années de *Tang*). Dans les années qui suivirent, le gouvernement impérial introduisit généralement les règlements chinois dans toutes les administrations. Pour les contributions, on n'hésita pas à adopter les règlements nouveaux; mais ces réformes, quant aux principes, ne produisirent dans la pratique que de mauvais résultats.

Vers cette époque, les familles puissantes et le clergé bouddhiste commencèrent à lutter à main armée pour la propriété du sol.

Durant cette période de luttes, ils levaient sur leurs paysans, en outre de corvées écrasantes, des impôts de toute nature sous mille prétextes. Souvent ils prêtaient à ces derniers du riz ou toute autre denrée à un taux exorbitant (jusqu'à 75 % d'intérêt).

A l'époque de l'ère dite *Bountsi* (vers 1180 ap. J.-C.), tout le territoire du Japon était partagé entre un certain nombre de grandes familles : ce fut le commencement du régime féodal dans notre pays. Les chefs de ces familles ou seigneurs imposaient leurs vassaux d'une façon arbitraire. Cependant, après qu'un des seigneurs ou princes de *Kamakoura* fut parvenu à élever son autorité au-dessus de tous les autres, il établit la faculté d'acquitter l'impôt, soit en nature, soit en argent, suivant les commodités locales. Dans le cas de paiement en numéraire, on devait se servir de l'unité monétaire appelée *Kouan*. On trouva également peu expéditif de percevoir l'impôt d'après la superficie, et l'on taxa, non la propriété foncière elle-même, mais son revenu réalisé.

Lorsque la suprématie passa dans la famille de *Mouromati*,

on abolit le mode d'évaluation en *Kouan* et on fit usage de l'unité de monnaie chinoise appelée *Eï*.

Les mesures de surface furent également modifiées et l'on eut alors le *Daï* (540m.q.), le *Tan* (405m.q.) et le *Chô* (270m.q.)

Dans la période qui s'écoula entre le temps où la maison de *Mouromati* posséda le pouvoir et celui à partir duquel la famille de *Toyotomi* l'obtint à son tour, aucune autorité généralement reconnue n'existait pour maintenir la justice et la paix. Dans ces temps de guerre générale et de désordre universel, tous les seigneurs étaient en lutte perpétuelle avec leurs voisins et se fortifiaient chacun chez soi; on comprend quelle a dû être l'énormité des charges imposées au peuple à cette époque.

Enfin *Toyotomi Hidéyoshi,* ayant mis un terme à ces désordres par la supériorité de ses armes, fit mesurer la superficie de toutes les parties du pays et établit l'uniformité dans l'évaluation de la surface du sol et dans la taxe de l'impôt foncier. Malheureusement, ces tentatives n'eurent pas tous les résultats qu'on pouvait en attendre.

Pour les mesures de superficie, une surface carrée de 1m90 de côté fut appelée un *Fô;* trois cents *Fô* formaient un *Tan*, et un dixième de Tan se nomma un *Sé*.

Il ordonna aussi que le paiement de l'impôt en riz se ferait en se servant de l'unité de capacité appelée *Kokou* (0m.c.146).

Plus tard, lorsque la famille de *Tokougawa* succéda à celle de *Toyotomi*, on n'eut garde de changer les règlements si bien établis précédemment. Toutefois, pour mettre les familles puissantes dans l'impossibilité de s'approprier de vastes domaines, le nouveau gouvernement défendit, en 1643, la vente définitive des fonds de terre.

La loi confisquait la totalité des biens de celui qui aurait contrevenu à cette défense et punissait d'une certaine amende le maire de la commune où cette vente aurait eu lieu. En somme, le nouveau gouvernement ne fit que des retouches prudentes aux lois déjà existantes, afin de ne pas surexciter les esprits.

Enfin, la période ou ère de *Kiofo* (1716) vit l'épanouissement complet de la législation en matière de contribution foncière.

Le gouvernement de *Tokoungawa* n'eut cependant pas assez de puissance pour étendre à tout le Japon l'empire de ses nouvelles lois. En effet, celles-ci ne furent rigoureusement observées que dans ses propres fiefs. La plupart des seigneurs et des communautés religieuses, conservant une certaine indépendance à l'égard du gouvernement de *Tokoungawa*, administraient leurs territoires chacun à sa manière. De là une confusion générale et perpétuelle.

En voici quelques exemples : Suivant les provinces, on établissait la taxe sur une superficie soit de 900, soit de 420, soit de 360, de 300 ou de 250 *Fô*; il y avait des *Fô* de 1^{m},95 de côté, de 1^{m},89, de 1^{m},875, de 1^{m},806, de 1^{m},80, etc., etc.

Quant au chiffre de l'impôt lui-même, il pouvait varier depuis 70 °/₀ jusqu'à 30 °/₀ du revenu. Il y avait aussi une foule de dénominations pour les impôts fonciers : c'était un prétexte pour grossir le montant de la somme à percevoir.

De plus, l'évaluation du revenu imposable d'une terre devait se faire d'après la récolte annuelle. Les agents des contributions chargés de cette évaluation abusaient trop souvent de leur pouvoir dans leur appréciation. Par exemple, une terre, quoique nominativement frappée d'un impôt très-onéreux, ne l'aurait pas été en réalité, si l'agent avait été assez complaisant pour laisser une marge suffisante dans son appréciation. Par contre, il pouvait arriver que, par un caprice de ce même agent, une terre fût imposée bien au-dessus de ce dont elle aurait dû l'être. De telle sorte que tantôt une terre fertile de plusieurs hectares n'était soumise à aucune contribution, tantôt une terre inculte de peu d'étendue supportait un impôt écrasant. Les plans cadastraux étaient très-souvent hors d'état de servir; il en résultait que les limites des propriétés n'étaient pas très-exactement tracées. Dans ces conditions, la vente des terrains, vente qui avait lieu toujours secrètement sous forme de contrat emphytéotique, donnait naissance le plus souvent à des procès interminables, dans lesquels le bon droit n'avait pas toujours gain de cause. Il n'est donc pas étonnant que le sort de la classe agricole allât en s'empirant de jour en jour.

Enfin, la féodalité a disparu et le pouvoir de l'Empereur a été restauré. Le gouvernement impérial s'est proposé d'améliorer la situation du pays et d'assurer le bonheur du peuple. Or, dans un pays comme le Japon, dont l'agriculture est la principale richesse, la législation agricole présentait un tel désordre et la population rurale était dans une telle misère, que c'est de ce côté que durent se porter les réformes immédiates qui s'imposaient au gouvernement nouveau. Ce fut là, en effet, une des plus importantes réformes qui ont signalé les années de l'ère actuelle (ère de Méïdji).

OPINIONS DIVERSES

SUR LA RÉFORME DE LA CONTRIBUTION FONCIÈRE.

Dans la deuxième et la troisième année de *Méïdji* (1869-1870), le ministre de l'intérieur ordonna la révision générale du cadastre des propriétés foncières. Ce fut alors que la réforme de l'impôt foncier fut mise à l'ordre du jour dans les Conseils du gouvernement. M. Kanda Koheï, alors conseiller d'État, proposait de taxer les propriétés d'après leur valeur vénale. Aussitôt après la chute de la Féodalité, la gestion de toutes les affaires financières de l'Empire fut attribuée au seul ministère des fimances.

Le directeur général des douanes et contributions, M. Matsougata Masayochi, sentant bien l'urgence de cette réforme, communiqua ses vues, condensées dans un projet, au ministre des finances, M. Okoubô Toshimitsou, et au vice-ministre, M. Inouyé Kaorou. Ce projet, après avoir été pesé et discuté mûrement, fut soumis à la délibération du Conseil impérial au mois de novembre de la quatrième année de *Méïdji* (1871).

Voici les parties saillantes de ce projet :

1° Liberté entière laissée au possesseur de toute terre arable, quant à la culture.

2° Liberté entière pour la transmission à titre onéreux de toute terre cultivable.

3° Liberté quant à l'importation et à l'exportation des céréales. (L'exportation était défendue sous le dernier gouvernement.)

4° Confection de plans cadastraux exacts et complets embrassant tout le territoire de l'Empire.

5° Détermination de la valeur de toutes les propriétés du pays.

6° Fixation du taux de l'impôt d'après la valeur des propriétés.

7° Délivrance de titres de propriété à chaque détenteur du sol.

Nous allons exposer ici très-sommairement les motifs qui ont donné naissance à chacune de ces questions.

1° A l'époque de la Féodalité, c'était le plus souvent des chaînes de montagnes inaccessibles ou des rivières infranchissables qui formaient les limites des fiefs seigneuriaux, de manière à intercepter les communications avec les fiefs voisins. Avec ce système d'isolement, si la famine survenait dans un pays, les provinces limitrophes n'avaient guère le moyen de lui porter secours à temps. Tous les seigneurs s'occupaient donc de réunir des provisions de riz par avance, et ils forçaient leurs vassaux à cultiver des céréales, lors même qu'il eût été plus avantageux pour ces derniers de se livrer à un autre genre de culture. Ainsi donc, au temps de la Féodalité, la liberté de la culture n'existait pas. Aujourd'hui, au contraire, que nous possédons un Gouvernement qui a pour principe de développer le plus possible les échanges internationaux, entraver ou restreindre la liberté de la culture serait arrêter le développement du bien-être du peuple, et, par cela même, porter préjudice aux ressources financières de l'Empire. Il n'y a pas, du reste, à hésiter dans une question aussi claire et dont l'évidence s'impose d'elle-même.

2° Le deuxième point à développer pose en principe la liberté de l'acquisition des propriétés foncières.

Dans le temps où les Japonais vivaient isolés du reste du monde, tout le mouvement commercial se réduisait à des échanges opérés dans le pays même. Pour maintenir une paix durable, le dernier gouvernement s'était efforcé de diviser à peu près également la fortune du pays, de façon que l'équilibre se maintînt entre les seigneurs féodaux, au point de vue, du moins, de la richesse territoriale. C'est pour cette raison qu'il défendit la vente et l'achat des propriétés, ce qui aurait pu donner lieu à la concentration de trop grandes fortunes dans les mêmes mains. Cependant cette défense perdit de son efficacité, car on put toujours l'éluder secrètement au moyen de ventes déguisées sous forme de contrat emphytéotique. Dans ces conditions, celui qui faisait l'acquisition d'une propriété n'avait pas le droit de jouissance devant la loi. Il en résultait une grande confusion et des abus de toutes sortes. Le propriétaire ne jouissait d'aucune sécurité dans sa possession. Le mauvais état des finances provient de cette situation peu assurée des fortunes plutôt que de leur inégale répartition. De tout ce qui précède ressort clairement un principe évident : La loi doit garantir à tout propriétaire la jouissance assurée de son bien et lui permettre évidemmet de l'aliéner ou de l'augmenter à son gré.

3° Si un cultivateur a la faculté de choisir pour ses champs le mode et le genre de culture qui lui convient, il choisira certainement le plus avantageux. Or, la culture la plus avantageuse étant liée directement avec les besoins commerciaux, on perdrait cet avantage et paralyserait les progrès de l'agriculture, si l'on défendait l'importation et l'exportation des céréales. C'est là ce qui a été établi dans la troisième question.

4° Ces trois principes admis, il faut cependant reconnaître que, si toute liberté était laissée aux cultivateurs et si les pouvoirs publics n'intervenaient d'aucune façon dans les questions agricoles, cette liberté dégénérerait bien vite en un désordre fort nuisible à l'économie sociale. Il faudrait donc que le gouvernement intervînt, mais pour inspirer une confiance mutuelle et faciliter les transactions. Or, pour qu'une chose se fasse facilement et comme elle doit se faire, il faut qu'elle soit clairement connue et dûment établie. Il est donc nécessaire que les propriétés foncières soient toutes inscrites sur un registre public avec tous les renseignements et indications nécessaires; et pour cela il faut commencer par lever les plans de tous les biens-fonds. Voici comment, à propos de cette question, on s'y est pris pour arriver à un résultat utile. A l'époque de la Féodalité, lorsqu'un géomètre était envoyé pour mesurer la superficie d'une propriété, c'était toujours dans le but de trouver le moyen d'augmenter l'impôt pesant sur cette propriété. L'apparition du géomètre dans les champs était donc regardée avec raison comme un présage funeste par le cultivateur.

Maintenant, si nous avions envoyé des arpenteurs lever des plans dans toutes les parties de l'Empire, les paysans ignorants les auraient pris pour des ennemis de leur bien-être et peut-être aurions-nous eu de la peine à mener cette entreprise à bonne fin. Pour tourner cette difficulté, nous avons conseillé tout d'abord de délivrer le titre de propriété à tous les possesseurs de terre au fur et à mesure de la confection des Cadastres et de laisser entièrement à chaque propriétaire la liberté de mesurer lui-même la superficie de sa propriété. Les propriétaires craignant d'un côté de donner des renseignements indiquant une superficie inférieure à la réalité pour la confection de leurs titres de propriété, et de l'autre, ayant une tendance à diminuer la contenance de leurs terres au point de vue de l'impôt, ont fourni, en somme, des indications assez exactes. Nous avons fait vérifier ultérieurement toutes celles qui nous ont paru peu exactes. Par ce moyen, nous avons pu obtenir en quelques années et à peu de frais une collection complète de plans cadastraux.

5° Depuis l'antiquité, jamais un ordre émanant du pouvoir central n'avait pu établir l'unité de l'impôt dans l'Empire.

Avant la réforme de Méïdji, chaque seigneur faisait la loi à sa manière, chaque province avait une règle et une taxe particulières. Dans cette situation, pour trancher les difficultés provenant de la détermination de la valeur des propriétés, il faut que le gouvernement exerce son droit de contrôle et fixe leur valeur d'une manière équitable. C'est ce qui se trouve établi par le cinquième principe posé.

6° Pour la perception de l'impôt, le gouvernement de *Kamakoura* se rapprocha beaucoup de notre projet. Elle laissait toutefois encore à désirer et est peu connue de nos jours.

Les règlements du dernier gouvernement de *Tokoungawa* sur la matière étaient minutieusement élaborés dans les détails.

Malheureusement ils sont basés sur un autre principe et ne seraient guère en rapport avec les nouvelles institutions du pays.

Quel peut donc être le système d'impôt foncier le meilleur et le plus facile à établir? Nous ne pouvons trouver mieux que celui qui se trouve défini dans le sixième point.

7° Enfin, le cadastre étant confectionné, on peut délivrer le titre de propriété à chaque propriétaire. C'est l'objet de la septième question.

Toutes les parties du projet énumérées précédemment furent approuvées par le Conseil d'État qui nous en confia la mise en pratique. A cette époque, le ministre des Finances faisait partie de l'Ambassade extraordinaire qui fut envoyée en Amérique et en Europe. En son absence, M. *Inouyé Kaorou* et le Directeur général des douanes et contributions élaborèrent vingt-huit articles du projet de loi sur la contribution foncière.

Ces vingt-huit articles, approuvés en entier par décision du Conseil impérial, furent promulgués au mois de décembre de la 4e année de Méïdji (1871). A titre d'expérience, ils furent mis en pratique, d'abord dans le ressort de la capitale pour s'étendre successivement à tous les départements. Pendant la Féodalité, les villes capitales des provinces de l'Empire étaient complètement exemptées de l'impôt foncier: elles s'y virent donc soumises pour la première fois.

Au mois de février de la 5e année de Méïdji (1872), une décision du Conseil impérial décréta la liberté de vente et d'acquisition de toute propriété foncière, ainsi que des règlements sur les transactions des titres de propriété.

Ce fut vers cette époque que le Préfet du département de *Kanagawa* soumit ses vues au gouvernement sur la réforme du régime foncier. Ses opinions et celles de M. *Kanda Koheï* différaient peu de celles qui furent soumises au Conseil impérial par notre ministère.

Dans le courant de la 5e année de Méïdji (1872), on ordonna l'émission des titres de propriété. Au mois d'août de la même année fut institué au département des Douanes et contributions le Conseil de la réforme de l'impôt foncier.

Ce Conseil délibérait sur tout ce qui avait trait à la réforme et, entre autres choses, sur les titres de propriété. Dans le courant du même mois, les questions relatives à la réforme furent arrêtées par ce Conseil, et la marche à suivre pour leur application fut indiquée à chacun des Préfets. Dans ce même mois encore, on accorda la faculté d'acquitter l'impôt foncier soit en nature, soit en espèces, suivant les commodités locales.

Au mois de mars de la sixième année de Méïdji (1873), tous les Préfets furent convoqués au ministère des Finances, à *Tokiô*.

Au nombre de plus de soixante-dix, ils se réunirent en Assemblée sous la présidence du vice-ministre des Finances pour délibérer sur toutes les questions relatives aux contributions en général et plus spécialement sur la contribution foncière.

Trois opinions principales se firent jour au courant de ces délibérations et celle qui réunit la majorité fut soumise à la décision du Conseil impérial.

Nous allons résumer ici ces trois opinions de l'Assemblée générale des Préfets.

L'une de ces opinions était celle-ci : Conserver encore pendant quelques années les anciens règlements sur l'impôt foncier en y faisant quelques modifications et les améliorations jugées les plus nécessaires ; délivrer ensuite les titres de propriété et ne compléter la réforme que lorsque les paysans se seront bien pénétrés de l'esprit de la nouvelle institution. Les partisans de cette opinion, tout en reconnaissant la nécessité de la réforme, estimaient que la difficulté serait grande d'abolir des usages séculaires, et voulaient marquer, pour ainsi dire, par une transition, le passage de l'ancien système au nouveau.

La deuxième opinion était de déterminer pour chaque département une taxe fixe pendant un certain nombre d'années, en prenant comme base d'évaluation la moyenne des taxes des dix dernières années pour chaque département. Les partisans de cette manière de voir voulaient que chaque département fournît au revenu général de l'État, proportionnellement au montant de la taxe établie, comme il vient d'être dit : ils avaient pour but d'éviter ainsi les inconvénients qui pourraient naître de la détermination de la valeur de chaque parcelle de terre dans tout l'Empire.

Ceux qui soutenaient la troisième opinion voulaient répartir également le taux de l'impôt, d'après la valeur des propriétés, et soutenaient la nécessité du mesurage exact de toutes les propriétés.

Les anciens règlements, entachés de tant d'abus, quoique améliorés par des retouches, ne leur laissaient guère espérer d'obtenir les résultats nécessaires aujourd'hui. Les partisans de cette dernière opinion voulaient donc une réforme radicale, réforme qui pouvait seule améliorer la situation actuelle.

Nous allons maintenant discuter sommairement et successivement chacune de ces trois opinions.

La première opinion, la plus prudente et peut-être la plus sage, ne pourrait cependant être mise à exécution aujourd'hui ; et en voici la raison : Sous le dernier gouvernement de Tokoungawa, on percevait l'impôt sur le revenu réalisé, et le point essentiel était l'évaluation exacte de ce revenu. Dans ce système de contribution, le cultivateur ne profite donc pas des avantages d'une bonne récolte, car l'impôt s'élève proportionnellement. Les efforts du cultivateur se trouvant ainsi paralysés, l'application de ce système aurait en conséquence pour effet d'arrêter les progrès de l'agriculture.

Aussi cette opinion n'a-t-elle pas prévalu dans notre Assemblée.

Les partisans de la deuxième opinion, tout en reconnaissant la défectuosité du système usité sous l'ancien gouvernement, ne voulaient cependant qu'une réforme superficielle et reculaient devant les difficultés d'un changement radical.

Cette opinion, quoique paraissant être celle d'un homme prudent, ne devait pourtant réunir qu'un faible contingent d'adhésions dans l'Assemblée. En effet, pour les départements où l'impôt foncier est peu lourd, le chiffre moyen des taxes serait aussi peu élevé. Ces départements n'auraient pas souffert de l'application de cette manière de voir, tandis que les autres (sept sur dix) auraient eu à souffrir de taxes trop lourdes. Ces derniers n'admettaient pas l'inégalité de l'impôt foncier et voulaient établir sur chaque propriétaire de terre une taxe uniforme, non pour chaque département, mais pour tout l'Empire. On s'explique donc que cette opinion n'ait réuni qu'une faible minorité.

Comme nous l'avons déjà dit, la majorité opinait pour une réforme radicale. Aujourd'hui, quand on se reporte à ce temps, déjà un peu éloigné, on reconnaît que cette manière de voir devait être celle de gens ayant vraiment à cœur de s'occuper consciencieusement de la situation financière de l'Empire. En effet, on se trouvait en face de lois si diverses, si multiples et si confuses, accompagnées de tant d'abus, que l'on se serait trouvé fort embarrassé d'arriver à y apporter quelque amélioration efficace; tout étant dans un désordre complet, des remaniements partiels ne pouvaient produire aucun résultat. D'un autre côté, il était à craindre que des retouches imprudentes, ajoutant abus sur abus, n'empirassent encore la situation. Si l'on voulait une véritable amélioration, il fallait couper le mal à la racine et reconstruire un nouvel édifice sur des bases solides. Quoique le mesurage de toutes les propriétés et la détermination de leur valeur dussent demander beaucoup de travaux, et que l'exécution pût encore rencontrer des difficultés de toute nature, on devait être amené forcément à entreprendre cette œuvre si l'on voulait établir par tout l'Empire une loi unique réglant l'impôt foncier et des règles de perception nettes, claires et faciles.

D'ailleurs, la majorité n'a pas trouvé d'autre moyen de remédier efficacement à la situation existant à cette époque.

Ces trois opinions avaient toutefois un point commun: toutes étaient d'accord sur la nécessité d'une amélioration et d'une diminution de la taxe existante. Elles ne différaient donc entre elles que par le mode et l'importance des changements à faire subir à l'état actuel.

La troisième opinion ayant obtenu la majorité, le président choisit un certain nombre de membres de l'Assemblée pour former la commission de la réforme de l'impôt foncier.

Peu après, le président se démit, pour des motifs étrangers à cette question, de ses fonctions de vice-ministre des Finances.

Le conseiller privé impérial, M. *Okouma Higuénobou,* fut mis alors à la tête de l'œuvre de la réforme.

Toutes les questions s'y rapportant, après avoir été bien discutées et enfin arrêtées par la commission, furent ensuite soumises à la sanction de l'Empereur, et, le 28 juillet de la sixième année de Méidji (1873), la loi réformée fut décrétée et promulguée dans tous les départements de l'Empire.

D'après ce qui vient d'être exposé, les lecteurs auront évidemment compris que la réforme de l'impôt foncier était un des devoirs les plus impérieux du gouvernement impérial venant de recouvrer son pouvoir.

Le plan d'une réforme aussi grave, qui touche aux intérêts les plus chers de la classe agricole, ne peut pas s'arrêter en un seul jour, à plus forte raison ne peut-on pas l'exécuter en peu de temps.

Ce projet, dont la première idée remonte aux deuxième et troisième années de Méïdji (1869 et 1870), et qui a été positivement résolu après la réunion de l'Assemblée des préfets tenue dans la sixième année de Méïdji (1873), se trouve aujourd'hui presque accompli. Ainsi, cette œuvre difficile a été menée à bonne fin dans l'espace relativement restreint d'une dizaine d'années. Les résultats inespérés obtenus pourraient être contestés et l'on pourrait supposer que le gouvernement japonais a agi précipitamment et sans réflexion. Il n'en a rien été et le fait est que le Japon a entrepris cette réforme, après les études les plus approfondies sur la matière, après avoir sondé les dispositions du peuple, des intéressés, et, de plus, l'a conduite toujours avec une grande prudence : ce que, du reste, notre exposé a dû faire comprendre aux lecteurs.

Pour faire mieux ressortir les motifs de ce succès, il sera utile d'en résumer ici les principaux :

1er *motif.* — Le but que s'est proposé le gouvernement en projetant la réforme de l'impôt foncier était de donner aux citoyens le véritable droit de propriété, de rendre cet impôt simple, équitable et uniforme, et d'alléger les charges qui pesaient lourdement sur le pays.

2e *motif.* — Sous l'ancien régime, les riches propriétaires possédaient en général des terres plus ou moins étendues, appelées *Tokou-den* ou *terres cachées,* non soumises à l'impôt; tandis que les moyens et petits cultivateurs étaient obligés de payer pour la totalité de leurs propriétés un impôt quelquefois fort inique. Aussi le décret de réforme a-t-il produit des effets faciles à prévoir.

Les riches propriétaires ne manquèrent pas de le critiquer et de s'en plaindre ; mais les petits cultivateurs, qui supportaient les charges les plus lourdes, ont compris, dès le début, l'intention du gouvernement de les en soulager et ont bien accueilli le nouveau système qui leur semblait plus simple et plus juste. Devant cette attitude, les mécontents n'ont pas tardé à se taire.

3e *motif*. — Le but de réforme une fois bien compris et favorablement accueilli par la majorité, chacun alors conçut peu à peu le désir de faire mesurer exactement ses terres, pour faire valoir son droit de propriété et en fixer l'étendue. Chez des peuples peu civilisés, il arrive ordinairement qu'on éprouve de la répugnance à faire mesurer ses propriétés. Mais, heureusement pour nous, les cultivateurs, habitués à ces sortes de travaux exécutés assez fréquemment sous l'ancien régime et au courant des procédés à suivre, les acceptèrent sans opposition. Le gouvernement laissa donc aux propriétaires eux-mêmes le soin d'exécuter ces travaux. Il convient d'ajouter que, pour cela, on procédait suivant les règles de la trigonométrie, et que les propriétaires étrangers à ces règles mesuraient leurs terres avec le concours de personnes expérimentées des environs.

4e *motif*. — Pour fixer la valeur des propriétés, on a fait choix, dans chaque localité, de notables expérimentés qui ont été chargés de cette mission comme représentants des habitants.

Mais, dans une quantité innombrable de cultivateurs, il devait naturellement y en avoir qui ne voulussent pas faire connaître exactement soit l'étendue de leurs propriétés, soit la quotité de leurs revenus ; et de plus, il était à craindre que des divergences, des contradictions ne s'introduisissent dans la fixation de la base du nouvel impôt entre les différents départements et même entre les districts d'un même département. La surveillance à exercer pour réprimer ces abus et obvier à ces inconvénients était du ressort des autorités locales. Pour simplifier cette tâche hérissée de difficultés, la commission centrale de la réforme de l'impôt foncier divisa le pays en dix circonscriptions et délégua dans chacune un de ses membres accompagné de plusieurs fonctionnaires subordonnés, avec la mission d'aider les autorités locales dans la surveillance des travaux d'arpentage et la fixation de la valeur des propriétés.

Les délégués pour toutes ces circonscriptions ont été ensuite réunis en assemblée, et là, les résultats de leurs travaux ont été comparés et discutés. C'est alors seulement que fut établie pour tout l'Empire une base moyenne à laquelle la qualification d'équitable convient justement.

5e *motif.* — Sous l'ancien régime, la direction des travaux d'arpentage était exclusivement entre les mains de fonctionnaires qui en étaient chargés ; de là, de nombreux abus et aucun système parfait ni uniforme. En laissant le soin de ces travaux aux habitants de chaque localité et en se bornant à les surveiller, le nouveau gouvernement a obtenu des résultats beaucoup plus satisfaisants.

Nous ferons remarquer surtout que les travaux ont été exécutés plus rapidement ; que la grande latitude laissée à l'activité des particuliers les a satisfaits ; et qu'aucun abus de partialité ou d'iniquité ne s'est manifesté.

6e *motif.* — Nous ne parlerons pas ici des règles qu'on a suivies pour la fixation de la valeur des propriétés, règles exposées plus loin et dont le principe est de chercher la moyenne des revenus annuels. La valeur d'une propriété étant excessivement variable, en raison de l'offre et de la demande, on l'a fixée en prenant pour base la moyenne des revenus d'un certain nombre d'années, pendant lesquelles la récolte a été normale. De cette façon, on ne court pas le risque d'estimer la propriété à une valeur trop élevée.

7e *motif*. — Pour chaque propriété arpentée, on a dressé un plan exact, numéroté et portant le nom du propriétaire.

Les plans des terres limitrophes de deux districts ont été signés par les chefs de ces districts, de même que ceux des terres séparant deux villages l'ont été par les chefs de ces villages.

Les plans ont toujours été dressés en double, un exemplaire devant être déposé aux archives du district et l'autre à celles du département pour rassurer les propriétaires et éviter toute contestation inutile.

8e *motif*. — Les travaux nécessités par cette réforme ont exigé de grands frais. Le gouvernement central, se préoccupant justement de cette question qui répugne au peuple, lui est venu en aide par l'ouverture de nombreux crédits dont le total s'élève à la somme de 7 millions de *yen* ou 35 millions de francs environ. Il a laissé liberté entière aux habitants de chaque localité de s'entendre, selon leur convenance, sur les modes de répartition et de perception des frais par eux supportés.

L'examen attentif de ces divers motifs permettra aux lecteurs de se rendre compte comment et pourquoi la réforme de l'impôt foncier au Japon a pu être rapidement menée à bonne fin et produire d'aussi bons résultats.

Nous appelons spécialement leur attention sur le premier, le troisième et le huitième de ces motifs ; car ces résultats sont principalement dus au but noble que se proposait le gouvernement d'alléger les charges des propriétaires, à la liberté laissée aux particuliers de faire eux-mêmes les travaux d'arpentage, sous la surveillance des autorités, enfin à la subvention considérable que le gouvernement leur a accordée.

Le meilleur résultat obtenu par la réforme de l'impôt foncier est, sans contredit, d'avoir augmenté l'attachement des cultivateurs à leurs terres par la garantie accordée à leur droit de propriété, et, comme conséquence, leur ardeur à accroître les revenus par la meilleure culture possible.

Autrefois, l'impôt se payait en nature, c'est-à-dire en riz. Or, le prix du riz, variant chaque année selon la récolte, faisait nécessairement varier les revenus de l'État, ce qui constituait le défaut principal de l'ancien système financier.

Maintenant, le revenu de l'État, apprécié en argent, ne subit pas de grandes variations. Cet avantage, certainement très-précieux, est le second résultat important de la réforme.

Ces considérations, qui ne sont qu'un résumé succinct de la première partie de ce travail, auront suffisamment démontré, nous l'espérons, les motifs du succès de la réforme et de ses principaux résultats.

Nous renvoyons nos lecteurs plus loin pour le détail des lois et règlements relatifs à cette matière.

Un mot, cependant, sur la tâche qui s'impose à nous dans l'avenir.

La réforme de l'impôt foncier était, avant tout, comme nous l'avons vu, d'une nécessité urgente pour le nouveau gouvernement. En effet, il lui fallait absolument unifier le système des impôts dont l'irrégularité était une source de souffrances pour la population agricole et rendait impossible à l'État d'arrêter aucun plan financier durable.

Nous n'aurons pas besoin de faire remarquer quelles difficultés le gouvernement a dû surmonter et quelle prudence il a dû déployer pour obtenir le résultat désiré.

Quoi qu'il en soit, le Japon possède maintenant un système régulier et uniforme quant à l'impôt foncier, système qui satisfait à la fois l'État et les contribuables. Notre tâche consistera désormais à maintenir fermement ce système, sans y apporter de modifications irréfléchies ou précipitées.

Quelles ne seraient pas les tristes conséquences de semblables modifications? — Elles jetteraient l'inquiétude dans l'esprit des propriétaires et diminueraient leur attachement pour leurs terres ; de là, négligence dans la culture, appauvrissement du sol et diminution des revenus. La gêne du peuple entraîne nécessairement celle de l'État, qui ne peut pas rester seul riche au milieu des souffrances générales.

Nous espérons que nos lecteurs voudront bien considérer comme sérieuse cette réflexion fondée sur notre propre expérience.

DÉCRETS ET RÈGLEMENTS

RELATIFS A LA RÉFORME DE L'IMPOT FONCIER.

Au mois de décembre de la quatrième année de Méïdji (1871), fut publié un décret qui abolissait les dénominations de propriétés de vassaux et de propriétés de commerçants qui existaient dans la capitale. On annonça en même temps l'émission des titres de propriété et l'on promulgua vingt-huit articles de loi sur la contribution foncière. (Ces articles seront rapportés plus loin.)

Au mois de février de la cinquième année de Méïdji (1872), la liberté de vente et d'achat de toute propriété ainsi que les règlements sur la délivrance des titres de propriété furent décrétés.

RÈGLEMENT RELATIF

A L'ÉMISSION DES TITRES DE PROPRIÉTÉ.

Article premier. — Toute personne voulant se porter acquéreur d'une propriété doit s'adresser par écrit à la Préfecture du département pour demander le titre de propriété. Le titre sera alors délivré, après avoir été inscrit sur le registre des titres de propriété et timbré, de même que sa copie sur ce cahier. Cette copie sera conservée dans le registre des titres.

ART. 2. — Chaque fois qu'un titre de propriété sera délivré, il sera inscrit sur le registre par numéro d'ordre et avec tous les détails nécessaires. Le préfet de chaque département devra envoyer tous les ans copie de ce registre au ministère des Finances.

ART. 3 — La lettre de demande du titre de propriété doit être faite conformément au modèle fixé par les règlements.

ART. 4. — Lorsqu'on fera la demande du titre de propriété, au moment de l'acquisition de cette propriété, le titre sera délivré au demandeur après examen minutieux des conditions du contrat.

ART. 5. — Dans le cas de vente partielle d'une propriété, on fera vérifier par un géomètre le plan de la partie aliénée, ainsi que celui de la partie invendue, et l'on en fera une répartition exacte.

ART. 6. — Le titre de propriété, garantissant le droit de jouissance d'une terre à son possesseur, doit donc être conservé soigneusement par celui-ci. S'il vient à le perdre par accident, il doit faire la demande d'un nouveau titre. Cette demande doit porter la signature du chef du village (sorte de maire de la commune) et celles de deux témoins attestant les circonstances de l'accident. Le demandeur doit prendre en même temps l'engagement écrit de restituer l'ancien titre, s'il venait à le retrouver plus tard.

ART. 7. — Lorsque le titre de propriété aura passé dans d'autres mains, par transmission, soit à titre onéreux, soit à titre gratuit, le nouveau possesseur devra faire la demande d'un nouveau titre et restituer en même temps l'ancien, en mentionnant sur le dos de ce titre les circonstances de l'acquisition.

ART. 8. — Lorsqu'un nouveau titre sera demandé, il sera

délivré au demandeur après examen des motifs de sa demande, et on exigera en même temps la restitution de l'ancien titre. Toutes les transactions, ainsi que l'accroissement ou la diminution de chaque propriété, seront consignées en détail, sur un registre spécial, à la Direction des Contributions. Le préfet de chaque département doit adresser chaque année, au Ministre des Finances, un extrait exact et détaillé de ce registre.

Art. 9. — Les forêts, montagnes, landes et bruyères seront également soumises au présent règlement.

Art. 10. — Les terres abandonnées et les terrains incultes seront aussi soumis aux prescriptions ci-dessus.

Art. 11. — Chaque fois qu'un titre de propriété sera délivré, il sera perçu un droit de timbre sur ce titre.

Le droit de timbre est fixé comme suit :

Pour un titre au-dessous de 100 *yen* (500 fr.), le droit est de 5 °/₀.

Au-dessus de	et au-dessous de		le droit est :	
100 *yen*	200 *yen*	(1,000 fr.)	$0^{y},50^{sen}$	(2 fr. 50).
200	500	(2,500 fr.)	$1^{y},06^{sen}$	(5 fr. » »).
500	1,000	(5,000 fr.)	$1^{y},25^{sen}$	(6 fr. 25).
1,000	2,000	(10,000 fr.)	$1^{y},50^{sen}$	(7 fr. 50).
2,000	5.000	(25,000 fr.)	$2^{y},50^{sen}$	(12 fr. 50).
5,000			$3^{y},70^{sen}$	(18 fr. 75).

Art. 12. — Si l'on fait l'acquisition d'une propriété sans faire la demande du titre, la propriété cédée, ainsi que la somme versée, sera confisquée par l'État. Dans le cas où le contrat frauduleux porterait la signature du maire de la commune, ce dernier sera puni d'une amende égale à trois dixièmes de la valeur de la propriété.

Art. 13. — Pour ce qui est d'une propriété qui n'est pas

actuellement à vendre et que l'ancien possesseur entend conserver, les règlements pour la délivrance des titres de ce genre de propriété seront publiés ultérieurement.

Art. 14. — Les grandes villes, où l'on perçoit un droit sur la vente d'une propriété, ne sont pas visées par l'article 13.

Au mois de juillet de la cinquième année de Méïdji (1873), on a établi les règlements suivants énoncés dans l'article 13 :

On délivre le titre de propriété à tout propriétaire qui en fait la demande. Quant à la valeur de la propriété, elle sera fixée, par comparaison, en prenant la moyenne du prix de vente des autres propriétés les plus proches.

Au mois d'août de la même année, une division spéciale, dite de la *Réforme*, a été créée au département des contributions pour s'occuper plus particulièrement de la question des titres de propriété.

Dans le courant du même mois, les articles 1 et 2 des règlements précédents ont été modifiés comme suit :

Art. 1er. — Pour toute acquisition de propriété, l'acquéreur doit faire la demande du titre de propriété à la préfecture dont relève cette propriété. La copie de ce titre doit être faite sur papier *yoshi*, plié en deux dans le sens de la longueur. Chaque côté de la feuille portera l'inscription en deux lignes, et, de chaque côté de l'inscription, on relatera tous les renseignements nécessaires sur la propriété et le propriétaire. (Les renseignements trop étendus pourront être résumés.)

Art. 2. — Le titre de propriété sera délivré après avoir reçu la demi-empreinte d'un cachet dont l'autre moitié se retrouvera sur la copie qui doit être conservée à la préfecture.

D'après ces copies, on fait chaque année le relevé de la superficie des propriétés vendues et de leur valeur pour chaque commune. Les préfets doivent en adresser chaque année un rapport exact et détaillé à la Direction générale des Contributions.

Tous les frais occasionnés par la délivrance des titres de propriété doivent être couverts, pour chaque département, par le montant des droits de timbre perçus sur les titres émis dans le même département.

Prenons l'exemple d'un département d'une superficie de 20,000 *tiô*. En supposant, en moyenne, un droit de timbre de $0^{y},05^{sen}$ par 5 *sé* (489 m. q.), ce droit s'élèvera, pour une superficie de 20,000 *tiô*, à la somme de 20,000 *yen* (100,000 fr.). Cette somme sera répartie de la manière suivante :

2,348 *yen*	(11,740 fr.).	Rétribution des employés de bureau.
2,702	(13,515 fr.).	Frais de bureaux.
10,000	(50,000 fr.).	Frais de déplacement des employés.

Le total de la dépense sera donc 15,051 *yen* (75,255 fr.), et il restera un excédant de recettes de 4,959 *yen* (24,745 fr.).

Dans le courant du mois d'octobre, le Ministre des finances fit publier vingt-six autres articles relatifs à l'émission des titres de propriété et faisant suite aux quatorze articles décrétés précédemment.

SUITE DES RÈGLEMENTS

SUR LA DÉLIVRANCE DES TITRES DE PROPRIÉTÉS FONCIÈRES.

Art. 15. — Dans le cas de vente par parties d'une propriété, les parcelles démembrées porteront toutes le même numéro que l'ancienne propriété entière, quel que soit le nombre des parcelles détachées.

Chacune des parties sera désignée sur le titre au moyen du libellé suivant :

Terre d'une superficie de....., portant le n°....., en la possession de.....

Art. 16. — Le propriétaire d'un vaste domaine peut ne

prendre qu'un seul titre de propriété pour toutes le parties de ce domaine.

Dans ce cas, le propriétaire doit présenter un cahier spécial pour chaque partie avec toutes les indications y relatives.

Chacun de ces cahiers sera rendu au propriétaire avec un timbre dont la moitié sera appliquée sur le titre de propriété et portant le numéro du titre ainsi que celui de la partie du domaine qu'il désignera. Les copies de ces cahiers de parcelles seront conservées à la préfecture de chaque département, en liasses et par commune.

Art. 17. — Pour une valeur inférieure à 10 *yen* (50 fr.), le droit de timbre sera uniformément de 5 °/₀ de cette valeur.

Art. 18. — Il est interdit de morceler une propriété en parcelles d'une superficie moindre de 100 *tio* (326 m. q.). Cette interdiction ne s'étend pas aux propriétés couvertes de constructions. Cependant ceux qui, avant la réforme, possédaient un bien de moins de 100 *fô* peuvent continuer à en jouir sans aucun changement.

Art. 19. — Lorsqu'un propriétaire demandera un seul titre de propriété pour plusieurs parcelles de son domaine, le droit de timbre sera perçu sur chaque parcelle et non sur la superficie totale des parcelles.

Art. 20. — Dans le cas d'acquisition soit par le département, soit par l'État, le prix d'achat sera fixé d'après la valeur inscrite sur le titre de propriété. Le consentement du propriétaire est nécessaire si les terrains sont couverts de constructions.

L'État peut ordonner, s'il y a lieu, l'expropriation forcée pour cause d'utilité publique. Quant au prix de l'acquisition, il sera celui inscrit sur le titre, et la valeur des autres immeubles sera déterminée d'après les prix courants de vente.

Art. 21. — Le défrichement des terres incultes appartenant à l'État et l'établissement de constructions sur un terrain abandonné, étant considérés comme des moyens frauduleux d'acquérir, sont défendus dans les règlement antérieurs. Toutefois, à l'occasion de la réforme, ce genre de possession a été légitimé. Par suite, les détenteurs de terres rentrant dans cette catégorie doivent en faire la déclaration pour se voir reconnaître leur droit de propriété.

Le maire de chaque commune est tenu de bien faire comprendre à ses administrés la teneur et le sens des présents règlements.

Art. 22. — Celui qui ne déclarera pas une ou plusieurs parties de l'ensemble de sa propriété sera considéré comme fraudeur, et encourra la pénalité édictée par l'art. 12 de nos règlements.

Pour fixer la valeur de la partie non déclarée, qui naturellement ne figure pas sur le titre, on procèdera à la vente à l'encan de toute la propriété confisquée.

Dans le cas où la signature du maire figurerait sur un contrat frauduleux, il sera puni d'une amende égale au tiers de la somme produite par la vente aux enchères de la propriété confisquée.

Art. 23. — Dans le cas de démembrement d'une propriété, lors même que les indications fournies concordent avec celles des registres, le propriétaire n'en est pas moins tenu de présenter un plan parcellaire de sa terre.

Art. 24. — Lorsque toutes les indications relatives au morcellement et fournies par le propriétaire sont d'accord avec le registre, on les tient provisoirement pour exactes. Toutefois, lorsque les limites des parcelles ne sont pas bien déterminées, on en fait faire le relevé exact sur le terrain afin d'avoir un plan où aucune portion de terrain ne puisse être omise. Dans le cas où la surface déclarée par le propriétaire est plus grande que celle inscrite sur l'ancien registre, on la regarde aussi provisoirement comme exacte. Dans le cas où la surface déclarée est plus petite que celle inscrite sur l'ancien registre, on fait procéder au mesurage de la propriété en y envoyant l'arpenteur.

Art. 25. — Les propriétés nationales telles que les temples, cimetières, greniers d'abondance, etc., doivent figurer sur le plan cadastral.

Art. 26. — Les montagnes, les forêts et toute espèce de terre appartenant à une ou plusieurs communes doivent figurer sur le plan cadastral et être marquées en couleur de façon à bien ressortir.

Art. 27. — Les terres récemment formées par dépôts d'alluvion et les terrains situés dans des vallées submersibles sont classés comme *terres indéterminées*.

Les terrains de cette catégorie sans possesseur seront vendus aux enchères ; s'il ne se rencontre pas d'acquéreur, on les laisse comme terrains à louer.

Art. 28. — Les terrains occupés par des bâtiments d'utilité publique, tels que dépôts de céréales, etc., seront donnés à la commune ou aux communes qui en jouissent et les titres de propriété leur seront délivrés.

Art. 29. — Les espaces occupés par les canaux d'irrigation, étangs artificiels, routes, chemins, murs de soutènement, marais, étangs, cours d'eau et leurs rives ne constituent pas des terrains imposables.

Art. 30. — Les cimetières ne seront pas, comme précédemment, soumis à la contribution foncière.

Art. 31. — Toute terre labourable, abandonnée soit par émigration, soit par défaut de bras, sera mise en vente après constatation exacte de sa superficie et de la nature du sol.

Art. 32. — Lorsqu'une terre labourable laissée inculte aura été pourvue d'un possesseur, elle sera exempte de la contribution foncière pendant le nombre d'années nécessaire pour qu'elle atteigne son rendement normal. On délivrera au possesseur un titre de propriété sans indication de valeur. Quant au droit de timbre, il sera perçu un droit de 0y.05 (0f. 25) par parcelle, quelle que soit la superficie de chacune des parcelles.

Art. 33. — Pour les collines, forêts, bruyères, étangs, etc., possédés en commun par plusieurs communes ou une seule et dont on ne peut pas déterminer la valeur d'une manière exacte, on ne changera pas le taux de la contribution imposée avant la réforme.

Le titre de propriété portera la mention *propriété communale* et sera délivré aux communes propriétaires.

Art. 34. — Les terres incultes sans possesseur et celles apppartenant à un propriétaire doivent être indiquées d'une manière distincte sur le plan cadastral.

Art. 35. — Pour une propriété possédée en commun par deux ou plusieurs communes, il ne sera délivré qu'un seul titre de propriété. Chaque commune à tour de rôle et pendant un certain temps, le tout fixé par l'assemblée des représentants des communes, possèdera le titre commun de propriété.

Art. 36. — Les montagnes, forêts, collines, landes, bruyères, et en général tous les terrains dont la confection des plans demande beaucoup de travaux, seront désignés jusqu'à nouvel ordre sous le nom de *Mantan-bétan* (terres d'une surface indéterminée) et leur superficie sera déterminée ultérieurement d'une manière exacte, par des méthodes perfectionnées.

Art. 37. — Pour des espaces tels que montagnes, collines, forêts, landes, bruyères, etc., on doit indiquer sur le titre la nature des terrains qui les limitent de tous côtés.

ART. 38. — Dans le cas de terrains demeurés jusqu'à ce jour exempts des charges de la contribution foncière, et dont la valeur est difficile à déterminer par suite de la rareté des transactions et l'absence de prix courant, on ne doit cependant pas estimer une superficie de un *tan* ($978^{m.q.}$) à moins de 10 *yen* ($50^{fr.}$).

ART. 39. — Lorsque la superficie totale de toutes les propriétés d'une commune a été reconnue exacte, le maire doit adresser à la préfecture une déclaration certifiant qu'il ne reste plus dans sa commune aucune parcelle de terre non mentionnée sur le plan cadastral, et tous les propriétaires de la commune doivent apposer leur signature sur cette déclaration.

ART. 40. — Les terres soumises à la contribution et celles qui en sont exemptes seront indiquées séparément à la fin du cadastre, par communes et par ordre de propriétés.

CLASSIFICATION DES PROPRIÉTÉS.

Au mois de février de la sixième année de Méïdji (1873), on a délivré les titres des propriétés dites *vassales* (espaces occupés par les maisons seigneuriales et des vassaux). Ces propriétés subiront la contribution foncière à partir du jour de la publication du présent décret.

Au mois de mars de la même année, on a divisé les propriétés foncières en huit catégories, savoir :

1° **Propriétés impériales** (Kouo-guiu-ti) comprenant la superficie occupée par tous les palais de l'Empereur et de sa famille.

2° **Propriétés religieuses** (Sin-ti) embrassant la totalité de l'espace occupé par tous les monuments religieux, nationaux, départementaux et municipaux.

3° Terrains occupés par les administrations de l'État, tels que casernes, bâtiments affectés aux troupes de terre et de mer (Kouan-tio-ti).

4° Propriétés occupées pour le service de l'État (Kouan-yo-ti). Ces propriétés sont occupées temporairement par des fonctionnaires du gouvernement.

5° **Propriétés de l'État** (Kouan-you-tsi) comprenant tous les terrains occupés par des bois, des promenades, jardins publics, montagnes, forêts, étangs, etc., et qui étaient exempts d'impôt foncier antérieurement à la réforme.

6° **Propriétés publiques** (Ko-you-ti) comprenant tous les terrains destinés à un usage public, imposés ou non, tels que prés et prairies naturels.

7° **Propriétés privées** (Si-you-ti) comprenant tous les terrains possédés par des particuliers.

8° Terrains non soumis à l'impôt foncier (Jo-jei-ti), embrassant tous les terrains, tels que cimetières, lieux d'exécution des condamnés à mort, lieux d'affichage, routes, chemins, rigoles d'écoulement, canaux d'irrigation, murs de soutènement, etc.

On ne délivre pas de titre de propriété pour les propriétés impériales et religieuses. On en mentionne seulement la superficie exacte sur le registre cadastral du département où elles se trouvent.

Quant aux sièges des administrations de l'État, on leur délivre des titres de propriété pour les terrains qu'ils occupent, ces administrations étant considérées comme propriétaires.

Quant aux terrains occupés par les préfectures, sous-préfectures et mairies, on en note la superficie exacte sur les registres du cadastre.

Ces terrains, quoique n'étant pas soumis à la contribution foncière, seront cependant frappés de l'impôt additionnel comme les propriétés particulières.

Pour les propriétés destinées au service de l'État, on en délivre les titres à chacune des administrations qui en usent.

Celles destinées aux services départementaux sont également comprises dans ce cas. Toutefois, ces propriétés peuvent être rangées dans la classe des propriétés occupées par les sièges des administrations lorsqu'on juge convenable de les exempter d'impôt.

Les propriétés de l'État peuvent être quelquefois vendues à des particuliers, suivant l'importance des motifs de la demande qui en est faite, les convenances du moment et la nature de ces propriétés. Dans ce cas, l'acquéreur ou les acquéreurs ne sont pas tenus de faire la demande du titre de propriété : la superficie cédée sera seulement inscrite sur la matrice cadastrale.

Pour les propriétés publiques, on en délivre le titre aux maires des communes intéressées. Quant au taux de la contribution, il variera suivant la localité et la nature des propriétés.

Les particuliers peuvent faire une demande d'acquisition de ce genre de propriétés, demande qui sera accueillie favorablement si le démembrement ou la cession totale ne porte aucun préjudice aux communes intéressées. Dans ce cas, la vente aura lieu suivant les règlements établis. Il est bien entendu que les propriétés publiques antérieurement achetées par une ou plusieurs communes ne seront pas comprises dans ce cas, et la vente de cette espèce de propriétés sera entièrement laissée à la volonté des communes propriétaires.

Le titre des propriétés particulières est délivré aux possesseurs et la contribution en est fixée d'après les règles établies.

Quant aux terrains exempts de contribution, on en indiquera seulement la superficie exacte sur le cadastre.

DÉCRET DU MOIS DE JUIN

DE LA SIXIÈME ANNÉE DE MÉÏDJI (1873).

Au mois de juin de la sixième année de Méïdji (1873), on abolit l'ancien usage d'évaluer les terres labourables d'après leur récolte réalisable en kokou de riz, et on le remplaça par l'évaluation en mesure de superficie. En conséquence fut décrété ce qui suit :

L'évaluation en kokou de riz étant abolie dans toutes les parties de l'Empire, l'ancien taux de l'impôt rapporté à la récolte annuelle, évaluée en *kokou,* sera désormais établi proportionnellement à la valeur figurant au titre de propriété.

Les autres impôts seront aussi généralement rapportés à cette même valeur. Toutefois ces derniers peuvent être répartis suivant les localités et leurs coutumes, soit d'après la surface, soit par familles, soit par tête, afin que les habitants soient bien convaincus qu'ils ne subissent pas d'injustice.

PROCLAMATION DE L'EMPEREUR

NOUVEAU DÉCRET.

Au mois de juillet de la sixième année de Méïdji (1873), l'Empereur a adressé une proclamation au peuple japonais, à propos de la réforme de l'impôt foncier. Cette proclamation dit en substance : « La question de l'impôt foncier qui intéresse « directement le bonheur du peuple, est une question vitale « pour le gouvernement d'un pays. Depuis la plus haute anti- « quité, l'unité de taxe de l'impôt n'a jamais existé au Japon « et le peuple a souffert bien des injustices. Nous en avons « donc entrepris la réforme complète. A cet effet, nous avons « pris l'avis de tous ceux qui font partie de cette administra- « tion. Nous avons provoqué la réunion d'une Assemblée géné- « rale et réfléchi mûrement sur sa décision ; enfin, avec l'aide

« de tous nos conseillers, nous avons formulé la présente loi « que nous faisons publier aujourd'hui. Nous espérons que « nul n'aura désormais à souffrir de l'inégalité de charges qui « doivent être également supportées par tous les possesseurs « d'une partie du territoire du Japon. »

Le même jour fut publié le décret suivant : « Toutes les « lois relatives à l'impôt foncier, existantes à ce jour, sont abo- « lies et remplacées par une nouvelle loi unique. »

Le taux de l'impôt foncier est fixé par la nouvelle loi à trois centièmes de la valeur de la propriété. Chaque propriétaire sera soumis à l'acquittement de l'impôt au taux fixé, dans les formes prescrites par les règlements nouvellement décrétés.

Les impôts qui doivent fournir aux dépenses publiques, locales ou départementales en dehors de la contribution foncière, seront répartis proportionnellement à la valeur des propriétés.

Dans aucun cas, le total annuel de ces impôts ne doit dépasser le tiers du montant de l'impôt foncier.

En même temps furent publiées :

1° *La nouvelle loi de la contribution foncière;*

2° *Les règles sur l'application de cette nouvelle loi;*

3° *Les règles à suivre pour les agents de la contribution foncière;*

4° *Les règles applicables pour les cas exceptionnels non mentionnés dans les règlements précédents*

I. — NOUVELLE LOI DE LA CONTRIBUTION FONCIÈRE.

ARTICLE PREMIER. — La réforme de l'impôt foncier étant une des questions les plus importantes, l'application de la nouvelle loi demande les soins les plus scrupuleux. La marche des travaux doit être naturelle et par conséquent doit varier suivant les localités. Le gouvernement ne veut nullement la réforme faite en un jour, mais bien une réforme ne laissant rien à désirer sous tous les rapports. Par conséquent, on doit prendre le temps matériellement nécessaire pour étudier scrupuleusement toutes les dispositions à prendre et pour prévenir tous les cas qui pourraient surgir pendant la réforme.

Quelque difficile que soit la réforme, les préfets chargés de l'exécution doivent trouver les moyens d'en venir à bout. Ils doivent soumettre au ministre des Finances leur point de vue bien arrêté sur l'accomplissement de la réforme, chacun dans son département. Le gouvernement central donnera alors l'ordre au préfet de chaque département de se mettre à l'œuvre.

Les travaux de confection des cadastres doivent être commencés sur un seul point pour chaque département et la loi de la réforme y sera appliquée au fur et à mesure de l'achèvement de tous les travaux.

Art. 2. — Lorsque les travaux de la réforme seront achevés, toute propriété foncière sera taxée d'une contribution proportionnelle à sa valeur. La taxe sera donc fixée sur cette base, et ne sera ni augmentée ni diminuée à cause de la bonne ou de la mauvaise récolte de chaque année.

Art. 3. — Lorsque le sol d'une propriété sera détérioré par l'influence des météores, par suite d'inondations ou de phénomènes géologiques non prévus, l'agent de la contribution viendra constater le degré de modification subie et il sera accordé au fonds la diminution ou l'exemption de l'impôt jusqu'au jour où la récolte redeviendra normale.

Art. 4. — Lorsque les travaux de la réforme seront achevés, les dénominations de *Ta* (rizière) et de *Hataké* (champs) seront abolies et remplacées par le nom commun de *Kôti* (terre labourable). Quant aux prairies, forêts, montagnes, collines, landes et bruyères, elles seront désignées chacune par son nom lié à ceux des terrains adjacents.

Art. 5. — Toute surface occupée par un bâtiment quelconque recevra le nom de *Takouti* (propriété bâtie).

Art. 6. — La contribution foncière imposée jusqu'à présent comprenait souvent d'autres contributions indirectes sous la même dénomination. Pour en mieux faire ressortir la distribution, nous avons d'abord voulu établir toutes les catégories des contributions ; la taxe de la contribution foncière ne serait alors que d'un centième de la valeur de la propriété. Cependant nous ne sommes encore qu'au lendemain de la Féodalité et la situation ne nous permet pas d'établir toutes les catégories des contributions. Nous sommes donc obligé d'imposer par compensation une taxe de 3 °/₀ de la valeur de la propriété comme contribution foncière. Lorsque d'autres impôts indirects auront été établis plus tard et que le revenu de ces contributions sera arrivé à un chiffre supérieur à 2,000,000 de *yen* (10,000,000 de francs), la taxe de l'impôt foncier sera allégée peu à peu sur les terrains où ces contributions sont perçues, pour arriver enfin jusqu'à un centième.

Art. 7. — Tant que la réforme ne sera pas achevée, les anciennes règles seront appliquées rigoureusement. Dans le cours des travaux de la réforme, aucune demande pour l'allègement ou l'exemption de l'impôt ne sera écoutée à moins qu'il n'y ait trop d'injustice à ne pas le faire.

II. — RÈGLES SUR L'APPLICATION DE LA NOUVELLE LOI.

Article premier. — La valeur des propriétés indiquées sur le titre délivré antérieurement est calculée d'après l'estimation de la récolte en kokou de riz et la taxe est aussi rapportée à cette estimation. La valeur de la propriété indiquée dans le nouveau titre sera déterminée d'après le revenu normal net, réalisable, abstraction faite de tous les frais occasionnés par la culture. La valeur des mêmes produits récoltés et les frais de culture variant selon les localités, on fera d'abord présenter par le propriétaire la valeur de sa propriété déterminée par le calcul indiqué dans l'article 12 des *Règles à suivre par les agents de la contribution.* On déterminera ensuite la valeur de la propriété après toutes vérifications faites sur la valeur énoncée.

Art. 2. — Lorsque le titre de propriété sera délivré pour chaque propriété, il ne devra y avoir aucune portion de terre qui n'y soit indiquée. Toutefois, dans les cas douteux, on doit en ordonner immédiatement la confection d'un nouveau plan, sans consulter l'ancien plan erroné.

Art. 3. — Lorsque la valeur d'une propriété ne peut être déterminée dans une localité, on la déterminera par comparaison avec les propriétés analogues des localités avoisinantes.

Art. 4. — Lorsque la valeur d'une propriété bâtie, située sur le rivage de la mer, ne peut être fixée, même par comparaison, on indiquera alors toutes ces circonstances sur le titre de propriété. Quant à la taxe, elle sera fixée à un chiffre fort minime, mais toujours supérieur à $0^{y}.10^{sen}$ (0 fr. 60 c.) par *tan* ($978^{m.q.}$).

Art. 5. — Les terrains occupés pour dépôts publics de riz, établissements scolaires, hôpitaux et établissements de bienfaisance, quoique exemptés de l'impôt foncier jusqu'à ce jour, seront assujettis désormais à la taxe de la contribution foncière, comme les autres propriétés bâties.

Art. 6. — Tous les terrains, tels que forêts et prairies, possédés en commun par un ou plusieurs villages, seront aussi frappés d'une taxe proportionnelle à la valeur de ces terrains.

Art. 7. — Les terrains consacrés spécialement au service public, tels que cimetières, canaux, routes et chemins, seront toujours exempts de l'impôt. Toutefois, il n'en serait pas de même dans le cas où il y a des propriétaires particuliers de ce genre de terrains et qui se font payer leurs services par le public. Aucun changement ne sera apporté dans ce cas. Lorsque les habitants des communes intéressées voudront faire l'acquisition de ces terrains, la négociation sera laissée complètement libre et au gré des parties contractantes.

Art. 8. — Les plages de la mer ou tous autres terrains submersibles et incultes appartiennent à la catégorie des terres indéterminées. On ne tiendra compte que de leur superficie approximative en moins, et on percevra une taxe proportionnelle à la valeur de ces terrains.

Art. 9. — Les propriétés concédées autrefois aux seigneurs et aux vassaux sans mesurer leur superficie seront soumises, désormais, à un mesurage exact, et frappées de la contribution foncière comme les autres propriétés.

Dans le cas où ces propriétés appartiendraient à la catégorie des terres indéterminées, on ferait l'application de la règle précédente de l'art. 12.

Art. 10. — Les terrains ravagés par des météores, des inondations ou des phénomènes géologiques non prévus, et qui ont été exemptés de l'impôt foncier par suite de ce fait, devront faire l'objet d'un nouvel et minutieux examen. Ils continueront à être exempts de l'impôt foncier, pendant le nombre d'années qui paraîtra nécessaire pour arriver à une récolte normale, et il sera délivré un titre de propriété ne portant aucune valeur.

Art. 11. — Les étangs, bassins ou tous autres amas d'eau destinés à l'alimentation des animaux ou des plantes aquatiques seront aussi frappés de l'impôt selon leur valeur.

Art. 11. — Les terrains incultes dont on commence le défrichement seront exempts de l'impôt jusqu'au jour de l'exploitation normale. On délivrera un titre de propriété indiquant leur superficie, mais ne portant pas leur valeur.

Art. 13. — Pour la vérification de la valeur annoncée par les propriétaires et sa détermination définitive, le préfet de chaque département doit choisir et envoyer sur place les hommes jugés capables de ces travaux.

Art. 14. — Pour faciliter les examens des vérificateurs, chaque propriétaire foncier est tenu de planter dans chacune des parcelles de sa propriété, un poteau portant un écriteau indiquant le numéro de la parcelle, sa superficie et les nom et prénoms de son possesseur.

Art. 15. — Lorsque la valeur de la terre fixée par son propriétaire sera jugée exacte, après toute vérification, cette valeur, ainsi que la superficie de la propriété, sera inscrite sur le dos du titre antérieurement délivré, lequel sera remis immédiatement après, à son possesseur. Celui-ci n'aura pas de droit de timbre à payer pour cette inscription.

Art. 16. — Lorsque la valeur annoncée par le propriétaire est jugée inexacte, on lui enjoint de la vérifier lui-même. Dans le cas où il le refuserait et n'écouterait pas même les remontrances réitérées des vérificateurs, l'autorité locale ordonnera immédiatement la vente aux enchères de la propriété pour en fixer la valeur vénale, ou bien, le cas échéant, elle en fera l'acquisition au prix annoncé par le propriétaire.

Art. 17. — Lorsque la détermination des valeurs des propriétés sera arrêtée pour son département, le préfet devra remettre à la Direction générale des Contributions le tableau de la contribution foncière de son département, avant de procéder à la perception de l'impôt d'après la nouvelle loi.

III. — RÈGLES A SUIVRE POUR LES AGENTS DE LA CONTRIBUTION FONCIÈRE.

Les règlements précédents doivent être appliqués à propos, au fur et à mesure de l'avancement des travaux. Le Préfet de chaque département doit donc juger toutes les circonstances avec discernement.

Art. 1er. — Lors même que le plan d'exécution serait bien tracé, cette œuvre importante de la réforme peut perdre son efficacité, si tous les travaux ne sont pas exécutés avec soin et exactitude. Celui qui dirige l'exécution de la réforme ainsi que tous ceux qui s'en occupent doivent s'y appliquer avec dévouement et y apporter les soins les plus minutieux.

Art. 2. — Les travaux de mesurage pour la vérification des limites parcellaires ne demandent qu'une application consciencieuse de la part des opérateurs. Le plus important et le plus difficile est la détermination de la valeur des propriétés. C'est donc là qu'on doit porter toute son attention.

Art. 3. — C'est de cette détermination de la valeur des propriétés que dépendent le revenu de l'État, l'enrichissement de la classe agricole et, par suite, les progrès de l'agriculture. D'une seule erreur commise peuvent résulter de bien graves conséquences pour le bien-être du cultivateur. On doit donc tenir compte non-seulement du résultat du calcul fait d'après les règles indiquées dans l'art. 12, mais encore de toutes les circonstances locales de nature à influer sur la valeur des propriétés.

Art. 4. — Pour la détermination de la valeur des propriétés, on fera d'abord l'examen de la valeur annoncée par le propriétaire, en la comparant avec le résultat du calcul, et ensuite on fera la vérification sur le terrain en tenant compte de toutes les circonstances locales.

Art. 5. — Pour vérifier la valeur annoncée par le propriétaire, on examinera d'abord si la valeur de chacune des parcelles est d'accord avec le résultat du calcul. On fera ensuite vérifier l'exactitude des calculs faits par le propriétaire.

Art. 6. — Lorsque la valeur annoncée par le propriétaire est inférieure à celle qui résulte des nouveaux calculs, si cette différence est moindre que 10 °/₀ de la valeur calculée, on supposera provisoirement la valeur annoncée comme exacte.

Art. 7. — Lorsque la différence sera supérieure à 10 °/₀, on fera motiver par le propriétaire une si grande différence. Si celle-ci est pleinement motivée, on supposera provisoirement que la valeur annoncée est exacte.

Art. 8. — Lorsque cette différence supérieure à 10 °/₀ n'est pas clairement motivée par le propriétaire, on supposera qu'il y a une erreur dans l'estimation de la valeur des produits récoltés et les frais de culture, et on lui enjoindra de faire une nouvelle estimation.

Art. 9. — Si l'on venait à découvrir une entente de plusieurs propriétaires dissimulant la valeur réelle de leurs récoltes, on ferait la comparaison des propriétés taxées, par superficie, avec celles dont l'impôt porte sur la récolte annuelle, et on ne tarderait pas à se convaincre de la vérité. Dans le cas où il y aurait doute, on demanderait à chaque propriétaire le chiffre de l'impôt annuel et les frais de l'exploitation de sa propriété. En cas de fraude, ou si l'on trouve que le chiffre qui doit rester pour le bénéfice du cultivateur est trop minime et insuffisant pour entretenir sa famille, d'après sa propre déclaration d'estimation, il arrivera que, si on le questionne sur la raison de son aisance, il sera certainement embarrassé pour répondre. Cependant il vaut mieux ne pas pousser les choses si loin, et faire plutôt une remontrance bienveillante pour lui faire avouer la vérité et le ramener dans la voie de l'honnêteté.

ART. 10. — La règle à suivre pour le calcul de la valeur des propriétés indiquées dans l'art. 12 n'est qu'un calcul analytique basé sur une appréciation de valeurs moyennes. Quant à la valeur réelle, elle ne varie pas seulement avec le revenu réalisable, mais encore avec la commodité du lieu, avec la nature du terrain, avec le voisinage des grandes villes, des voies de communication, des eaux, des collines, des montagnes et des forêts, etc. Dans le cas où la règle générale se trouverait en défaut, on devra donc consulter la valeur vénale des propriétés.

ART. 11. — Dans le calcul de la détermination de la valeur des propriétés, on retranche du revenu brut tous les frais de culture et la taxe des impôts additionnels; le chiffre restant est pris comme revenu imposable. Par conséquent, la valeur réelle de la propriété sera ordinairement plus élevée que le résultat du calcul. Dans le cas où la valeur annoncée est inférieure à celle trouvée par le calcul, il doit y avoir des erreurs dans le calcul du propriétaire, ou des motifs particuliers de dépréciation pour ces terrains. On doit donc porter particulièrement son attention sur ce cas.

ART. 12. — EXEMPLES du calcul pour la détermination du revenu imposable :

1er EXEMPLE POUR LE CAS DE FAIRE-VALOIR

c'est-à-dire pour le cas où le propriétaire cultive lui-même.

Soit une superficie de 1 tan (778mq) dont la valeur moyenne du revenu normal est fixée à 4y 80sen (24 fr.)

Soit les frais de culture pour cette localité égaux à 15 % du revenu brut, c'est-à-dire $\frac{15 \times 4,08}{100} = 0y,72$ (3fr 50).

En retranchant du revenu brut les frais de culture, il reste 4y,80 − 0,72 = 4y,08.

Soit e la valeur imposable de cette propriété par tan, la contribution foncière est $\frac{3e}{100}$ et, le total des impôts additionnels étant au maximum le tiers de la contribution foncière sera $\frac{e}{100}$.

Le revenu imposable sera donc $4,08 - \left(\frac{3\,c}{100} + \frac{c}{100}\right)$.

Soit le taux local égal 6 %, la valeur imposable de 1 tan de cette propriété sera :

$$C = \frac{\frac{4,08 - 4\,c}{100} \times 100}{6} \quad \text{d'où } C = 40^{y},80^{sen}\ (240 \text{ fr.}).$$

La contribution foncière sera :

$$\frac{3 \times 40,80}{100} = 1^{y},22^{s},4\ (6^{fr}12)$$

Le total des autres impôts sera :

$$\frac{40,80}{100} = 0^{y},408\ (2^{fr}04).$$

Et le revenu imposable sera :

$$4,08 - [1,224 + 0,409] = 2^{y},448\ (12^{fr}24).$$

2e EXEMPLE POUR LE CAS DE MÉTAYAGE.

Soit une superficie de 1 tan, dont la valeur moyenne du revenu normal brut de la terre est de $4^{y},80$. On fera un calcul analogue à celui de l'exemple 1er et on trouvera la valeur imposable de cette propriété :

Soit $C = 40^{y},80$.

Soit maintenant la valeur moyenne du revenu brut revenant au propriétaire : $3^{y},264$.

Quel sera alors le taux de l'intérêt pour que la contribution foncière reste la même que pour le cas de faire valoir, c'est-à-dire pour que la valeur imposable reste la même ?

Le revenu brut du propriétaire étant $3^{y},264$, et la valeur imposable de la propriété $40^{y},80$ par tan.

La contribution foncière est $\frac{3 \times 40,80}{100} = 1^{y},224$, et le total des autres impôts sera $\frac{1,224}{3} = 0,408$.

Le revenu imposable sera donc $\frac{325,4 - 4 \times 40,8}{100} = 1^{y},632$, et la valeur imposable étant $40,80 = \frac{1,632 \times 100}{i}$, d'où le taux cherché sera :

$$i = \frac{163,20}{40,80} = 4.$$

Il est donc de 4 %.

Le taux de l'intérêt étant ainsi fixé à 4 % pour le cas de métayage, on fera un calcul analogue à celui de l'exemple 1er en se rapportant au revenu brut du propriétaire, et sans y tenir compte des frais de culture.

Soit donc le revenu brut du propriétaire égal à 3f,264 par tan.

La contribution foncière est $\frac{3c}{100}$ et le total des impôts additionnels est $\frac{c}{100}$.

Le revenu imposable sera donc : $3,264 - \frac{4c}{100}$

La valeur imposable de 1 tan de la propriété sera :

$$C = \frac{\frac{326,4 - 4c}{100}}{4} \times 100 \text{ d'où } C = 40^f,80.$$

La contribution foncière sera alors : $\frac{3 \times 40,80}{100} = 1^f,224$

Le total des autres impôts sera $\frac{40,80}{100} = 0,408$ et le revenu imposable sera 3,26, 4 — [1,224 + 0,408] = 1f,632.

Art. 13. — Pour le cas de faire-valoir, on se conformera au calcul de l'exemple Ier, et, pour le cas de métayage, on suivra la règle de calcul de l'exemple II. Toutefois, si le cas se présente où ces calculs soient insuffisants, on consultera en même temps les *Règlements applicables sur les cas exceptionnels.*

Art. 14. — Pour le cas de métayage, il se produit souvent des difficultés au sujet de la récolte réalisée. Le revenu brut du propriétaire est souvent inférieur au revenu réellement réalisé par le métayer. Cette divergence d'intérêts, servant de contrôle, fournit le moyen de connaître assez exactement la récolte normale réalisable ; on pourra donc toujours y appliquer, sans erreur sensible, la règle du calcul de l'exemple II, comme vérification du premier calcul.

Art. 15. — Dans le système de faire-valoir, le propriétaire qui cultive lui-même sa propriété, fait tous ses efforts pour améliorer sa récolte, tandis que dans le système de métayage, le métayer s'attache moins à la terre qu'il cultive, et la récolte elle-même se trouve diminuée en conséquence. Si donc le taux de l'intérêt du capital est 6 % dans le cas de faire-valoir, il serait juste qu'il ne fût que de 4 % lorsque le propriétaire fait cultiver sa terre par le métayer. Ceux qui sont chargés de la détermination de la valeur imposable doivent faire attention à cette différence.

Art. 16. — Ordinairement la divergence des intérêts entre le propriétaire et le métayer ne permet pas de redouter une fraude en ce qui concerne la déclaration de la valeur des propriétés. Toutefois, lorsque le métayer se charge de payer lui-même la contribution foncière, ou qu'en cultivant la même propriété depuis de longues années, il s'y attache avec intérêt, on ne peut plus compter sur la divergence des intérêts qui n'existerait plus.

Art. 17. — Les mesures agraires changeant souvent d'une localité à une autre, les vérificateurs doivent d'abord vérifier les mesures dont on s'est servi pour le mesurage de la superficie.

Art. 18. — Dans les exemples de l'art. 12, on a pris comme frais de culture les *quinze centièmes* de la valeur imposable, et comme total des autres impôts *un centième* de cette valeur. Ces proportions varient en réalité suivant les localités et la nature des propriétés. Toutefois, dans le calcul du revenu imposable, on prendra toujours ces proportions comme invariables pour toutes les localités.

Art. 19. — La valeur vénale d'une propriété peut varier suivant son revenu dans des limites assez étendues. Cependant, ordinairement, ce revenu oscille entre 3 % et 6 %. On pourra donc regarder comme chiffre maximum le chiffre de 7 % pour la terre cultivée par le propriétaire lui-même et celui de 5 % pour le métayer.

Art. 20. — Pour la valeur des produits récoltés, on prendra

la cote courante moyenne de la localité, et on vérifiera par comparaison la valeur annoncée par le propriétaire.

Art. 21. — La rizière doit être regardée comme une métairie. Toutefois, suivant les circonstances, on se conformera à la règle de l'art. 24.

Art. 22. — La valeur des marais salants variera avec les procédés de l'exploitation. On prendra donc la valeur vénale courante comme la valeur imposable.

Art. 23. — Pour les forêts, bruyères et autres exploitations analogues, la valeur du revenu annuel étant difficile à calculer exactement, on la déterminera en combinant le résultat du calcul avec la cote courante de la valeur vénale.

Art. 24. — Pour toute exploitation agricole qui ne peut fournir assez d'éléments pour calculer la valeur de son revenu, on fera discuter cette valeur par un certain nombre d'hommes pris parmi les plus compétents sur cette matière, ou bien on déterminera la valeur vénale en appliquant l'article 1er des *Règlements applicables pour les cas exceptionnels*. On se servira donc de l'un de ces deux moyens, suivant les circonstances, pour arriver enfin à déterminer le revenu imposable.

Art. 25. — Après avoir vérifié la valeur des propriétés annoncée par leurs propriétaires, on fera le tableau des valeurs imposables des propriétés, d'après le type fixé par le règlement. On se transportera ensuite sur le terrain pour vérifier toutes les valeurs inscrites sur ce tableau.

Art. 26. — Les vérificateurs qui doivent parcourir les propriétés seront choisis parmi les hommes compétents en cette matière, quelle que soit d'ailleurs leur condition. Néanmoins, le chef doit être un fonctionnaire de l'État au-dessus de *Gon-*

Art. 27. — Pour parcourir les propriétés, les groupes de vérificateurs se feront guider par des agents de la contribution de la localité ou par les premières personnes venues connaissant bien la localité à parcourir.

Art. 28. — Si les groupes doivent se diriger chacun dans une direction différente, ils feront d'abord ensemble la vérification des propriétés d'une commune au moins à titre d'expérience; ils se sépareront ensuite, après s'être entendus sur toutes les dispositions à prendre.

Art. 29. — Pour vérifier la superficie d'une terre labourable, l'appréciation peut donner du premier coup une certaine approximation. On comparera, de plus, les chiffres de l'écriture du poteau planté dans chacune des parcelles avec ceux du tableau des valeurs des propriétés.

Art. 30. — Pour chaque propriété, après avoir vérifié la superficie, on discutera immédiatement sa valeur imposable.

Art. 31. — Parmi les valeurs des propriétés annoncées par leurs propriétaires, celles qui ont été provisoirement regardées comme exactes ne devront pas présenter beaucoup de différence avec le résultat de la discussion faite sur le terrain. Pour des déclarations de valeurs telles que celles dont il est question dans l'art. 7, les vérificateurs doivent y porter toute leur attention pour en trouver la véritable cause.

Art. 32. — Lorsque la valeur annoncée par le propriétaire sera inexacte sans aucun motif, on lui ordonnera d'en faire une nouvelle détermination. Si le propriétaire persiste à maintenir la première valeur, sans écouter même les remontrances réitérées qui lui seraient faites, on soumettra la propriété à la vente aux enchères conformément à l'article premier ou à l'article deuxième des *Règlements applicables pour les cas exceptionnels*.

Art. 33. — Lorsqu'on ne pourra pas fixer la valeur vénale de ladite propriété au moyen de la vente aux enchères, on demandera au propriétaire s'il consent volontiers à l'acquisition de sa propriété par l'État au prix annoncé par lui. Dans ce cas, on se fera remettre le contrat d'acquisition.

Art. 34. — Si le propriétaire ne manifeste aucun désir d'augmenter le prix de sa propriété jusqu'au moment de la remise du contrat, on pourra supposer provisoirement qu'il n'y avait aucune mauvaise intention. Ensuite on fera la comparaison avec des propriétés de même nature des localités voisines, et enfin on fixera sa valeur imposable, après toute discussion faite par les vérificateurs.

Art. 35. — Lorsque le propriétaire consent volontiers à l'acquisition par l'État au prix annoncé par lui, on suppose que la valeur annoncée n'est pas bien loin de la vérité. Toutefois, lorsqu'on reconnaît qu'il y a fraude évidente, on procède immédiatement à l'acquisition.

Art. 36. — Les vérificateurs chargés de discuter la valeur des propriétés doivent être munis, sur le terrain, des registres et plans cadastraux, anciens et nouveaux, relatifs aux propriétés pour les consulter au besoin.

Art. 37. — Les terrains exposés aux inondations ou sujets à la sécheresse ont une valeur relativement inférieure aux terrains ordinaires. Dans ce cas surtout, il faut consulter l'ancienne taxe de l'impôt sur ces terrains et leur attribuer une valeur convenable. Il ne faut pas toujours regarder comme suffisamment justifiée la valeur annoncée par le propriétaire, qui sera le plus souvent insuffisante.

Art. 38. — Lorsqu'on aura fait la détermination de la valeur de toutes les propriétés de plusieurs communes, on s'en fera remettre les titres délivrés antérieurement et on les enverra à la Préfecture du département, en en faisant une liasse par commune, avec les cahiers de calculs des valeurs imposables, faits dans le bureau ou sur le terrain.

Art. 39. — A la Préfecture, on vérifiera de nouveau la valeur de toutes les propriétés, et on examinera la différence existant entre les taux de l'ancienne contribution et ceux de la nouvelle. Après toute vérification, la valeur de toutes les propriétés sera inscrite sur la matrice cadastrale, et le titre sera renvoyé à chacun des propriétaires, après avoir inscrit sur le dos la valeur de la superficie définitivement déterminée.

Art. 40. — Avant de commencer les travaux de détermination de la valeur des propriétés, on invitera tous les propriétaires à annoncer consciencieusement la valeur réelle de leurs propriétés, sans aucun égard aux taux de l'ancienne taxe, qui n'auront aucun rapport avec ceux de la nouvelle.

Art. 41. — Avant de commencer ces mêmes travaux de détermination, on fera aussi connaître à tous les propriétaires les cas signalés dans les articles 42, 43 et 44.

Art. 42. — Lorsque le propriétaire s'est servi pour le mesurage de sa propriété de mesures autres que celles reconnues légalement, il doit inscrire sur son rapport les unités de mesures dont il s'est servi, converties en nouvelles mesures.

Art. 43. — On fera savoir à tous les propriétaires que la valeur intrinsèque de sa propriété est le capital du revenu dont il bénéficie annuellement au taux courant de la localité, c'est-à-dire la valeur du produit récolté, après en avoir retranché la taxe de la contribution foncière, le total des impôts additionnels et tous les frais occasionnés par la culture.

Art. 44. — Pour déterminer la valeur des propriétés, le propriétaire prendra comme récolte normale la récolte moyenne des années ordinaires.

IV. — RÈGLEMENTS APPLICABLES POUR LES CAS EXCEPTIONNELS NON PRÉVUS DANS LES RÈGLEMENTS PRÉCÉDENTS.

Article premier. — Lorsque les valeurs annoncées par les propriétaires d'une commune sont toutes exceptionnellement trop faibles, ou que tous les propriétaires estiment les frais de culture à un chiffre trop élevé, on ordonnera immédiatement la vente aux enchères de toutes les propriétés. A cet effet, on classera d'abord toutes les propriétés de la commune en trois catégories, d'après la nature du sol ; on choisira ensuite une ou deux propriétés dans chacune des catégories, et on procèdera à la vente aux enchères des propriétés choisies.

Dans le cas où le prix du plus offrant est plus élevé que la valeur annoncée par le propriétaire, et où celui-ci ne veut cependant pas lui céder sa propriété, on oblige la commune à payer au plus offrant une somme variant de 5 à 25 yen (25 à 125 fr.).

Dans le cas où le propriétaire consent à céder sa propriété au prix fixé par l'enchère, l'État en fait l'acquisition à la valeur annoncée par le propriétaire. Cette propriété sera ensuite mise à une nouvelle vente aux enchères et cédée par l'État au dernier enchérisseur. Dans ce cas, celui-ci peut ne payer au moment de l'acquisition que la valeur annoncée par le propriétaire et amortir le reste par annuités.

Dans le cas où le prix fixé par la vente aux enchères serait inférieur à la valeur annoncée par le propriétaire, on regarderait cette dernière comme exacte. Toutefois, si on reconnaissait une intention frauduleuse évidente dans la fixation de cette valeur, l'État pourrait faire immédiatement l'acquisition au prix annoncée.

Quant à la valeur attribuée par le dernier enchérisseur, on la vérifiera en la comparant avec le résultat du calcul. La valeur imposable de l'une des propriétés dans chacune des trois catégories étant ainsi déterminée, celles de toutes les autres seront déterminées par comparaison.

Lorsque la valeur annoncée par un propriétaire est exceptionnellement trop faible, on ordonne immédiatement la vente aux enchères de la propriété, d'après l'art. 16 de la nouvelle loi.

Dans le cas où l'enchérissement n'atteint pas une différence de 10 °/₀ sur la valeur annoncée, on regarde celle-ci comme exacte.

Dans le cas où l'enchérissement est plus grand que 10 °/₀, et où le propriétaire ne veut cependant pas céder sa propriété au prix enchéri, l'État paie au dernier enchérisseur, à titre de récompense, une somme variant de 1 à 7 yen (3 à 35 fr.).

Quant à la valeur imposable, elle sera déterminée, après avoir vérifié la valeur attribuée par le plus offrant.

Lorsque le propriétaire cède sa propriété au prix fixé par la vente aux enchères et qu'il y a de la culture plus ou moins avancée, la négociation sur ce dernier point est laissée complètement au gré des parties contractantes.

Art. 2. — Dans le cas de métayage, la divergence des intérêts entre le propriétaire et le métayer ne permet pas ordinairement de commettre de fraude sur la valeur de la propriété. Toutefois, dans certains cas exceptionnels, on procèdera à la vente aux enchères.

A cet effet, lorsqu'il s'agira de toutes les propriétés d'une commune entière, on fera d'abord la classification des propriétés en trois catégories comme dans le cas de faire-valoir, et on choisira une ou deux métairies dans chacune de ces catégories. Ensuite, on prendra comme enchérisseurs cinq ou six propriétaires de la commune (ceux des métairies choisies doivent être de ce nombre) avec cinq ou six métayers de la même commune (ceux des métairies choisies doivent être de ce nombre), et on fera fixer par chacun d'eux la quote-part qu'ils paieraient en cultivant eux-mêmes ces métairies. Lorsque la valeur du plus offrant est supérieure à celle annoncée par le métayer, et que celui-ci ne veut pas cependant lui céder la métairie, l'État paiera au dernier enchérisseur, à titre de récompense, une somme variant de $0^{y.},50$ à 5 yen ($2^{f.},50$ à 25 fr.). On déterminera ensuite la valeur de la métairie, en comparant la valeur attribuée par le plus offrant avec le résultat du calcul. La valeur de l'une des propriétés étant fixée dans chacune des catégories, celle de toutes les autres sera fixée par comparaison.

Dans le cas de métayage, le propriétaire cherchera à ce que la valeur de sa métairie reçoive une estimation aussi élevée que possible, et son métayer voudra justement le contraire. Par conséquent, il sera assez rare que la valeur du métayage soit enchérie par la vente aux enchères. Il ne faut donc faire l'application de ce procédé que lorsque la valeur de la métairie annoncée est exceptionnellement trop faible ou que la métairie est recherchée dans la localité à cause de la rareté des travaux agricoles.

Art. 3. — Pour vérifier la valeur d'une propriété, on peut consulter l'ancienne taxe de l'impôt et le bénéfice du propriétaire. Voici la marche du calcul à suivre :

Soit une superficie de 1 *tan* de terre, ancienne taxe	$1^{y}\,50^{s}$
Revenu net du propriétaire, après en avoir retranché le total des autres impôts et les frais de culture.	2, 70
Total.	$4^{y.},20^{s.}$

En retranchant la nouvelle taxe de cette somme, on aura le revenu imposable; et le capital de ce revenu au taux de 6 °/₀ est la valeur imposable de la propriété. D'autre part, la nouvelle taxe étant de trois centièmes de la valeur imposable, on a :

$4,20 - \frac{3c}{100} = \frac{6c}{100}$, d'où l'on trouvera facilement la valeur imposable et celle de la nouvelle taxe.

Dans cet exemple, la valeur imposable est de $46^{y},667$ et celle de l'impôt foncier est de $1^{y},40^{s}$.

Art. 4. — Pour vérifier la valeur d'une propriété, on peut

encore consulter la valeur inscrite sur le titre de propriété antérieurement délivré avec l'ancienne taxe de la contribution foncière. A cet effet, on suivra la mesure indiquée dans l'exemple suivant :

Soit une superficie de 1 *tan* de terre labourable, la valeur indiquée sur l'ancien titre est 38^{y},57 (cette valeur est celle déterminée d'après l'ancienne taxe de l'impôt foncier). L'ancien taux de la contribution foncière est de 1^{y},50. Le capital de cette somme au taux de 6 % est $\frac{1.50 \times 100}{6} = 2^{y},500$.

La somme de la valeur inscrite sur le titre de propriété et du capital du taux de contribution foncière est de :

$$38.57 + 25.00 = 63^{y}.57.$$

En retranchant de cette somme le capital du taux de la nouvelle contribution, on obtient la valeur imposable cherchée. D'autre part, la nouvelle taxe étant de trois centièmes de cette valeur, on trouvera facilement la valeur imposable et celle de la nouvelle taxe.

$$C = 63,57 - \frac{100 \times \frac{3c}{100}}{6} \quad \text{d'où } C = \frac{63.57 \times 6}{6}$$

Dans cet exemple, la valeur imposable est 42^{y}.38. Celle de l'impôt foncier est 1^{y}.27^{s} 14.

DÉCRET DU MOIS DE NOVEMBRE

DE LA SIXIÈME ANNÉE DE MÉÏDJI (1873).

La nouvelle loi de la contribution foncière ayant été décrétée, l'art. 22 des *Règlements sur l'émission* des titres de propriété, pour le cas des propriétés cachées, sera désormais supprimé de ces règlements. Dans le cas où l'on vient à découvrir l'erreur du mesurage, on doit en faire immédiatement la déclaration. Si l'on venait à découvrir de la fraude sur l'étendue de la propriété, ce cas étant prévu dans le code agricole, celui-ci serait appliqué dans toute sa rigueur.

Remarque. — On a confondu très-souvent la valeur imposable de la propriété avec sa valeur vénale : la première est la valeur intrinsèque calculée avec la valeur moyenne des éléments de la culture, tandis que la seconde est susceptible d'une variation quelconque. Ce ne fut que vers le mois de mars de la septième année de Méïdji (1874) que cette distinction vint à bien pénétrer dans tous les esprits.

DÉCRET DU MOIS DE NOVEMBRE

DE LA SEPTIÈME ANNÉE DE MÉÏDJI (1874).

Par ce décret on établit deux grandes classes de propriétés, comprenant chacune plusieurs subdivisions.

Savoir :

I. Kouan-you-ti (propriétés nationales) qui a été subdivisée en quatre catégories :

Première catégorie. — Propriétés pour lesquelles on ne délivre pas des titres et qui sont exemptes de la contribution foncière et des autres impôts additionnels. Ces propriétés sont les propriétés impériales et les espaces occupés par tous les monuments religieux, nationaux, départementaux et municipaux.

2e *catégorie.* — Propriétés pour lesquelles on délivre des titres, mais qui sont exemptes de la contribution foncière et des autres impôts additionnels. Cette espèce comprend les propriétés des familles impériales et tous les espaces occupés par les diverses branches des administrations de l'État.

3e *catégorie.* — Propriétés pour lesquelles on ne délivre pas de titres et qui sont exemptes de la contribution foncière et des autres impôts additionnels. Cette catégorie comprend les montagnes, forêts, landes, bruyères, cours d'eau et amas d'eau, routes et chemins, promenades et jardins publics et toutes les propriétés bâties ou labourables, n'appartenant pas toutes à des possesseurs particuliers. Les espaces occupés par les phares, les voies ferrées et leurs bâtiments, télégraphes, lieux d'exécution et cimetières sont aussi classés dans cette catégorie. Lorsque des particuliers feront l'acquisition de ce genre de propriétés, ils auront à payer les impôts additionnels taxés proportionnellement au prix d'acquisition.

4e *catégorie.* — Propriétés pour lesquelles on ne délivre pas de titres et qui sont exemptes de l'impôt foncier, mais qui sont soumises à des impôts additionnels. Cette catégorie comprend les établissements d'enseignement public, les bibliothèques publiques et tous les établissements publics de charité et de bienfaisance.

II. — Min-you-ti (propriétés particulières) qui a été subdivisée en trois catégories :

1re *catégorie.* — Propriétés pour lesquelles on ne délivre pas de titres et qui sont frappées de l'impôt foncier et des autres impôts additionnels. Cette catégorie comprend toutes sortes de propriétés appartenant à des possesseurs particuliers. La vente et l'acquisition de ce genre de propriétés sont complètement libres. Toutefois, lorsqu'il s'agit de la vente et de l'acquisition des terrains submersibles ou de terrains en voie de défrichement, les parties contractantes doivent d'avance demander l'approbation de l'autorité locale.

2e *catégorie.* — Propriétés pour lesquelles sont délivrés des titres et qui sont frappées de la contribution foncière et des autres impôts additionnels. Cette catégorie comprend toutes les propriétés communales, établissements communaux ou départementaux, prés et prairies, dépôts de céréales. La vente et l'acquisition de ce genre de propriétés sont laissées complètement libres au gré des communes ou des départements qui les possèdent. Toutefois, lorsqu'il s'agit de la vente ou de l'acquisition de terrains submersibles ou de terrains en voie de défrichement, on doit d'avance demander l'approbation de l'autorité locale.

3ᵉ *catégorie.* — Propriétés pour lesquelles on délivre des titres, mais qui sont exemptes de la contribution foncière et des autres impôts additionnels. Cette catégorie comprend les cours d'eau et amas d'eau, tels que canaux et rigoles et les cimetières appartenant tous à des possesseurs particuliers.

Toutes les propriétés étant ainsi classées, la classification faite par le décret du mois de février de la sixième année de Méïdji sera abolie désormais.

Parmi les propriétés classées comme propriétés de l'État, celles qui peuvent porter préjudice aux intérêts particuliers par cette classification même, devront être classées comme propriétés particulières (Min-you-ti). Les propriétés pour lesquelles la distinction entre Kouan-you-ti (propriétés de l'État) et Min-you-ti (propriétés particulières) est difficile à fixer, seront classées d'après les règlements applicables pour ces cas. (Ces règlements ne sont pas mentionnés dans ce mémoire.)

DÉCRET DU MOIS DE MARS

DE LA HUITIÈME ANNÉE DE MÉÏDJI (1875).

Toutes les questions de la réforme de la contribution foncière étaient traitées par une commission placée dans le département des douanes et contributions. La question de cette réforme sera désormais confiée à la *Direction de la réforme de la contribution foncière,* qui sera prochainement établie et qui sera composée des hommes les plus compétents, choisis dans le ministère des Finances et dans le ministère de l'Intérieur.

DÉCRET DU MOIS DE JUIN

DE LA HUITIÈME ANNÉE DE MÉÏDJI (1875).

Les contrats de vente et d'acquisition échangés entre deux parties ne peuvent pas assurer le droit de jouissance de la propriété à son nouveau possesseur, tant que celui-ci ne possèdera pas son titre des propriété. Par conséquent, l'acquéreur doit immédiatement faire la demande d'un nouveau titre de propriété à la préfecture du département.

NOUVEAU DÉCRET DU MÊME MOIS.

Toutes les anciennes mesures agraires qui sous la même dénomination désignaient des superficies différentes seron désormais abolies et seront toutes remplacées par des mesures légales uniques.

L'unité de longueur pour la mesure agraire sera de 6 chakou ($1^{m},80$), la surface carrée de 6 chakou formera 1 *Fô* et 300 *Fô* formeront 1 *Tan*. (Dans les instruments de mesurage on ajoute en plus $\frac{1}{600}$ de la longueur totale.)

Dans les localités où les anciennes dénominations sont difficiles à s'effacer, on convertira en nouvelles mesures la superficie indiquée en anciennes mesures; et on fera ensuite la conversion des divisions de tous les instruments de mesurage de la localité.

AUTRE DÉCRET DU MÊME MOIS.

Pour les propriétés, telles que montagnes, forêts, landes, bruyères, exploitées ou possédées en commun par le public ou par plusieurs particuliers, et qui ne sont pas inscrites dans les anciens registres, on ne saurait distinguer nettement si elles doivent être Kouan-you-ti (propriétés de l'État) ou bien si elles sont réellement Min-you-ti (propriétés particulières). Dans ce cas, on se conformera uniquement aux habitudes locales et toutes les propriétés exploitées en commun par une ou plusieurs communes seront classées comme Min-you-ti et appartiendront à ces communes. Pour celles dont la classification est encore plus difficile, le préfet du département fera le rapport détaillé à la Direction de la réforme.

DÉCRET DU MOIS D'AOUT

DE LA HUITIÈME ANNÉE DE MÉÏDJI (1875).

Les travaux de la réforme devant être exécutés avec soin et exactitude, il vaudrait mieux les commencer sur un seul point, pour les étendre progressivement dans tout l'Empire, à moins qu'il n'y ait des variations sur la valeur des produits récoltés et des frais de culture. Ces variations peuvent devenir sensibles après un certain nombre d'années, et produire alors une certaine inégalité sur la valeur des titres. Cet inconvénient nous oblige à accomplir la réforme dans un laps de temps limité. Nous fixons donc le terme de tous les travaux de la réforme à la neuvième année de Méïdji (1876). Le préfet de chaque département doit prendre toutes les dispositions nécessaires pour que l'œuvre de la réforme soit accomplie à cette époque, et y apporter tous ses soins.

AUTRE DÉCRET DU MÊME MOIS.

Dans tous les départements, pour les propriétés situées dans les villes, la taxe de la contribution foncière n'était que d'un centième de la valeur des propriétés. Le jour où la nouvelle loi de l'impôt foncier sera appliquée dans chaque département, ce privilège sera supprimé et les propriétés situées dans les villes seront frappées comme les autres d'une taxe de la contribution foncière de trois centièmes de la valeur imposable des propriétés.

DÉCRET DU MOIS D'OCTOBRE

DE LA HUITIÈME ANNÉE DE MÉÏDJI (1875).

A l'art. 7 de la nouvelle loi fut ajouté ce qui suit :

Lorsque la valeur et la superficie d'une propriété ayant été déterminées définitivement, on vient à reconnaître ultérieurement l'inexactitude des valeurs déterminées et que par suite les *Règlements sur l'application de la nouvelle loi* ne peuvent plus être applicables, la taxe de la contribution foncière se porte sur la valeur de la récolte annuelle de cette propriété, lors même que celle-ci fût soumise, avant la réforme, à une taxe de l'impôt proportionnelle à sa superficie.

AUTRE DÉCRET DU MÊME MOIS

Pour les propriétés situées dans les villes, le maximun de la somme des impôts additionnels est fixé également à un tiers du taux de la contribution foncière.

DÉCRET DU MOIS DE JANVIER

DE LA NEUVIÈME ANNÉE DE MÉÏDJI (1876).

Pour les propriétés bâties sur les terrains inaccessibles, tels que les roches escarpées et les plages submersibles qui ont nécessité des travaux coûteux pour la préparation de leur fondation, tous les travaux préparatoires nécessités seront constatés par l'agent de la contribution foncière et les propriétés seront exemptes de la contribution foncière pendant un certain nombre d'années proportionnel aux frais des travaux exécutés par nécessité.

DÉCRET DU MOIS DE MAI

DE LA NEUVIÈME ANNÉE DE MÉÏDJI (1876).

Dans une commune ou dans un département, la superficie vérifiée à l'aide des mesures légales et la valeur des propriétés vérifiée par le calcul ayant été acceptées comme exactes par la plupart des propriétaires, s'il restait un nombre relativement faible de propriétaires qui ne voulussent pas accepter les valeurs vérifiées, on déterminerait la valeur de leurs propriétés par comparaison avec les autres propriétés analogues.

DÉCRET DU MOIS DE SEPTEMBRE

DE LA MÊME ANNÉE (1876).

La valeur des propriétés situées dans les villes est susceptible d'une grande variation au bout d'un certain nombre d'années. Cependant le taux de la contribution foncière imposé à ces propriétés ne sera pas changé pendant cinq années à compter du jour de l'émission du titre de propriété.

DÉCRET DU MOIS DE DÉCEMBRE

MÊME ANNÉE.

Tous les pays du versant du Nord (*Hokkaï-dô*) étant encore mal exploités, le taux de la contribution foncière sera fixée à un centième de la valeur des propriétés.

ALLÉGEMENT DE L'IMPOT FONCIER.

Pour soulager la classe peu aisée, il a été décidé que le taux de l'impôt foncier serait diminué de un demi-centième sur la valeur imposable.

PROCLAMATION DE L'EMPEREUR

(MOIS DE JANVIER 1877).

« Aujourd'hui les affaires du pays sont multiples, et le budget se trouve élevé. Cependant notre gouvernement et la réforme générale du pays ne datant encore que de peu d'années, le peuple, qui a contribué à l'accomplissement de nos travaux et qui n'a pas encore éprouvé les bienfaits de leurs fruits, se trouve dans une situation pénible et difficile. Nous avons établi l'égalité de l'impôt foncier dans tout le pays, en fixant la taxe à trois centièmes de la valeur imposable des propriétés. Maintenant, voulant soulager les classes peu aisées et contribuer à répandre un peu de joie dans leurs foyers, nous diminuerons le taux de l'impôt foncier qui sera désormais fixé à deux et demi pour cent de la valeur imposable des propriétés.

« Que tous les fonctionnaires, connaissant bien notre intention, fassent leurs efforts pour abaisser le chiffre du budget de l'État. »

Dans le courant du même mois furent décrétés les règlements relatifs aux terrains détériorés appartenant à la classe des *Min-you-ti* (propriétés particulières).

RÈGLEMENTS RELATIFS AUX TERRAINS

DÉTÉRIORÉS APPARTENANT A LA CLASSE DES MIN-YOU-TI.

ART. PREMIER. — Sont nommés *terrains détériorés* (*Kôti*) tous les terrains endommagés par des phénomènes géologiques ou météorologiques, tels que montagnes écroulées, terrains ravagés par l'inondation, etc.

ART. 2. — Pour les terrains détériorés appartenant à la classe des *Min-you-ti*, on fera remettre par le propriétaire le plan des espaces détériorés et un cahier portant toutes les indications de ces terrains. En même temps, on fera planter des pieus limitant ces espaces. Le géomètre viendra vérifier ensuite la superficie et on fera pour chaque *tan* (978 m. q) la distinction des degrés de détérioration. On prendra alors le terrain avoisinant non détérioré comme terme de comparaison et on fixera par chaque *tan* le nombre d'années pendant lesquelles ils doivent être exemptés de la contribution foncière.

Art. 3. — Le terme de l'exemption variera avec le degré de la détérioration et la difficulté d'arriver à l'exploitation normale. Cependant ce terme ne doit jamais dépasser dix années. Lorsque le terme fixé sera arrivé, l'agent de la contribution foncière viendra examiner l'état du sol, et fixera de nouveau le nombre d'années nécessaires pour arriver à l'exploitation normale; l'impôt foncier continuera de n'être pas exigible pendant ces années.

Art. 4. — Lorsque le propriétaire désire ne pas se déposséder du terrain détérioré, on lui fixera le nombre d'années jugé nécessaire pour arriver à l'exploitation normale, mais ne dépassant pas dix années; on lui délivrera en même temps le titre de propriété, mais ne portant pas la valeur de cette propriété.

Lorsqu'il s'agit de la déviation d'un cours d'eau ou des débordements des étangs, si le propriétaire ne marquait pas ses limites parcellaires du terrain ravagé en y plantant des poteaux, il n'aurait pas le droit d'empêcher les pêcheurs d'y venir.

Art. 5. — Lorsque, arrivé au terme fixé, le terrain détérioré ne revient pas à son état normal, on accorde encore, suivant le désir du propriétaire, un autre délai ne dépassant pas dix années. Dans le cas où le terrain détérioré reste encore improductif au bout du deuxième terme, on fait remettre le titre de propriété par le propriétaire, et le terrain ravagé reçoit la dénomination du nouvel état qu'il a pris, soit comme étang, soit comme cours d'eau

Pour les terrains détériorés avant la publication du présent décret, le nombre d'années nécessaire pour arriver à l'exploitation normale sera compté à partir du jour de la publication du présent décret.

ART. 6. — Pour les terrains transformés en amas d'eau, où l'on peut recueillir du poisson, ils recevront, s'ils ne reviennent pas à leur état normal au bout du premier terme, la dénomination d'étangs.

ART. 7. — Pour les terrains détériorés qui ont produit des arbres, des bambous, des joncs ou toutes autres plantes utilisables avant le premier terme, ils recevront au bout de ce terme la dénomination de forêts ou bruyères, suivant les cas.

ART. 8. — Dans le cas où les terrains détériorés ont repris leur premier état, soit avant le premier terme, soit avant le deuxième terme, on fera remettre par le propriétaire un plan détaillé et un cahier portant toutes les descriptions de ces terrains. Le vérificateur sera ensuite envoyé sur le terrain pour vérifier les déclarations du propriétaire; il déterminera définitivement la superficie et la valeur imposables. Après toute vérification, la valeur imposable sera inscrite sur le titre de propriété d'après les règlements.

DÉCRET DU MOIS DE JUILLET

DE LA DIXIÈME ANNÉE DE MÉÏDJI (1877).

A partir de la onzième année de Méïdji, le paiement de la contribution foncière se fera comme il suit, en six termes différents :

Pour toutes les propriétés, à l'exception des rizières et des propriétés bâties situées dans les villes, chaque propriétaire doit effectuer au bureau du receveur le paiement de la contribution foncière de la manière suivante :

Au 1er terme (1er juillet, 31 août), payement de 2/10e de taxe;
Au 2e terme (1er septembre, 31 octobre), paiement de 5/10e de taxe.

Pour les rizières, le paiement sera effectué comme il suit :

Au 4e terme	(1er déc., 31 janv.),	paiement de	5/10[e]	de taxe.
5[e]	(1er janv., 31 mars)	—	3/10[e]	—
6[e]	(1er avril, 31 avril)	—	2/10[e]	—

Pour les propriétés bâties situées dans les villes, le paiement se fera en deux termes, la moitié du 1er au 31 juillet, et l'autre moitié du 1er au 31 janvier de l'année suivante.

DÉCRET DU MÊME MOIS DE SEPTEMBRE

DE LA DIXIÈME ANNÉE DE MÉÏDJI (1877).

La taxe de la contribution foncière étant fixée, on n'accordera ni diminution ni exemption par suite de la mauvaise récolte d'une année. Par conséquent, pendant les années d'abondance, les propriétaires devront se pourvoir en prévision des mauvaises années. Cependant, la réforme ne datant encore que de peu de jours, il sera accordé un délai pour le paiement de l'impôt foncier dans le cas de mauvaises années exceptionnelles. A cet effet, sont établis les règlements suivants :

Règlements pour le délai accordé au paiement de l'impôt foncier pour les mauvaises années.

Article premier. — Lorsque par suite de fléaux, tels que grêle, inondations, et de toutes autres influences analogues, la récolte totale des rizières d'une commune sera diminuée de plus de cinq dixièmes, il sera accordé, après la constatation du fait pour chacune des propriétés, un délai pour le paiement de la contribution foncière à cette commune.

Art. 2. — Lorsque le délai du paiement de l'impôt foncier sera accordé à une commune, chaque propriétaire devra s'engager par écrit à effectuer le paiement de la taxe, d'après la règle indiquée dans l'art. 3.

Art. 3. — Pour une diminution des cinq dixièmes de la récolte par la commune, les cinq dixièmes du taux de la contribution foncière seront payés d'après les règlements établis par le décret de la dixième année de Méïdji, les cinq autres dixièmes restant seront payés à raison d'un dixième par année en cinq années, à partir du premier terme de l'année suivante. Pour d'autres chiffres supérieurs à cinq dixièmes dans la diminution de la récolte, le paiement s'effectuera d'après la même règle. Dans le cas où la totalité de la récolte serait perdue, le délai accordé serait de dix années, à partir du premier terme de l'année suivante.

Art. 4. — Dans le cas où il y a une nouvelle mauvaise récolte avant le paiement total de la taxe d'une mauvaise année antérieure, il sera accordé un nouveau délai qui comptera à partir du jour du paiement total de la taxe antérieure.

Art. 5. — Dans le cas où le propriétaire cèdera sa propriété à un autre avant le paiement total de la taxe d'une mauvaise année, l'ancien propriétaire doit effectuer le paiement total restant avant le jour où le nouveau titre de propriété sera remis à l'acquéreur.

Art. 6. — Dans le cas où l'acquéreur consent à continuer de payer le reste de la taxe de la mauvaise année antérieure d'après le délai accordé, il doit s'engager par écrit à effectuer ce paiement.

Art. 7. — Pour le cas de transmission d'une propriété à titre gratuit, lorsque celui qui cède la propriété ne s'est pas conformé au règlement de l'art. 5, le nouveau possesseur doit se conformer au règlement de l'art. 6.

Art. 8. — Dans le cas où la propriété est transformée en un terrain détérioré par suite d'accident avant le paiement total de la taxe de la mauvaise année antérieure, le propriétaire sera déchargé du reliquat de la somme à payer à partir du jour de la constatation du fait.

Art. 9. — Pour les propriétés labourables autres que les rizières, il ne sera pas accordé de délai pour le paiement de l'impôt foncier. Toutefois, dans le cas de mauvaise récolte générale exceptionnelle, le même délai sera quelquefois accordé aux propriétaires si cela est jugé bien nécessaire.

FIN.

Paris. — Typ. G. Chamerot, 19, rue des Saints-Pères. — 7588.

www.ingramcontent.com/pod-product-compliance
Lightning Source LLC
LaVergne TN
LVHW020044170826
845678LV00001B/432
* 9 7 8 2 3 2 9 6 9 1 7 5 6 *

LE

CONGRÈS INTERNATIONAL D'HYGIÈNE

DE PARIS

TRAVAUX DE M. BROUARDEL

Le secret médical, honoraires, mariage, assurances sur la vie, déclarations de naissance, expertise, témoignage, etc., par Paul Brouardel, professeur et doyen de la Faculté de médecine de Paris. Paris, 1887, 1 vol. in-16 de 246 pages (*Bibliothèque scientifique contemporaine*)........................ 3 fr. 50

Affaire Pranzini. Triple assassinat. Relation médico-légale. Paris, 1887, in-8, 44 pages........................ 1 fr. 50

Des causes d'erreurs dans les expertises d'attentats aux mœurs. Paris, 1884, in-8, 60 pages........................ 1 fr. 50

Organisation du service des autopsies à la Morgue. 1879, in-8, 32 pages........................ 1 fr.

Installation d'appareils frigorifiques à la Morgue. 1880, in-8, 16 pages........................ 50 c.

Discussion sur la trichinose. Paris, 1883, in-8, 14 pages... 50 c.

Épidémie du choléra à Toulon et à Marseille. Paris, 1884, in-8, 31 pages........................ 1 fr.

Des modes de propagation de la fièvre typhoïde. Paris, 1887, in-8, 31 pages et 7 planches........................ 1 fr. 50

Répartition de la fièvre typhoïde en France, d'après les documents fournis par la statistique médicale de l'armée. Paris, 1889, in-8 de 33 pages et 1 carte........................ 1 fr. 50

Déclaration des causes de décès, moyens de la rendre compatible avec le secret professionnel, déclaration obligatoire des maladies épidémiques. Paris, 1889, in-8 de 23 pages............ 1 fr. 25

Hygiène des ouvriers employés dans les fabriques d'allumettes chimiques. Rapport fait au nom d'une commission du Conseil d'hygiène publique et de salubrité du département de la Seine. Paris, 1889, in-8 de 20 pages avec figures............ 1 fr.

Sur un réactif propre à distinguer les ptomaïnes des alcaloïdes végétaux, par Brouardel et Boutmy. 1881, in-8........ 50 c.

Assainissement de la ville de Toulon, par Brouardel et Brunquel. Paris, 1885, in-8, 19 pages........................ 1 fr.

Rapport sur les essais de vaccination cholérique entrepris en Espagne par le Dr Ferran, par Brouardel, Charrin et Albarran. Paris, 1885, in-8, 32 pages........................ 1 fr.

L'épidémie de trichinose d'Emersleben, par Brouardel et Grancher. Paris, 1884, in-8, 46 pages, avec 2 planches chromolithographiées et 3 cartes........................ 2 fr. 50

Intoxication par le chlorate de potasse, par Brouardel et Lhote. 1881, in-8........................ 1 fr. 50

De la consommation de l'alcool dans ses rapports avec l'hygiène. Rapport présenté au Comité consultatif d'hygiène publique de France dans la séance de mai 1888, par P. Brouardel et Gabriel Pouchet. Paris, 1888, in-8 de 24 pages........................ 1 fr.

Du diabète traumatique au point de vue des expertises médico-légales, par le Dr P. Brouardel et H. Richardière. Paris, 1888, in-8 de 32 pages........................ 1 fr. 25

Corbeil. — Imprimerie Crété.

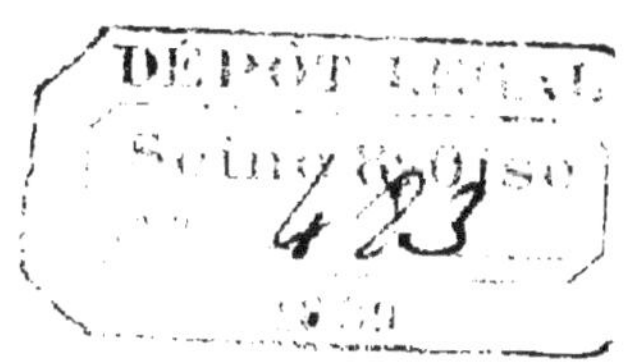

LE

CONGRÈS INTERNATIONAL D'HYGIÈNE

DE PARIS

— 1889 —

DISCOURS PRONONCÉ A LA SÉANCE GÉNÉRALE D'OUVERTURE

PAR

M. le professeur BROUARDEL

DOYEN DE LA FACULTÉ DE MÉDECINE
PRÉSIDENT DU CONGRÈS

COMPTE RENDU DES SÉANCES

Par le Dr REUSS

Secrétaire de la rédaction des *Annales d'hygiène publique*

PARIS
LIBRAIRIE J.-B. BAILLIÈRE ET FILS
19, RUE HAUTEFEUILLE, 19, PRÈS DU BOULEVARD SAINT-GERMAIN

1889

CONGRÈS INTERNATIONAL D'HYGIÈNE
ET DE DÉMOGRAPHIE

DISCOURS DE M. LE PROFESSEUR BROUARDEL

DOYEN DE LA FACULTÉ DE MÉDECINE DE PARIS
PRÉSIDENT DU CONGRÈS

Prononcé à la séance générale d'ouverture le 4 août 1889.

Cinq fois, depuis treize ans, les hygiénistes français ont reçu à l'étranger, à Bruxelles, à Turin, à Genève, à La Haye et à Vienne, le plus gracieux accueil. Tous nous avons gardé de notre séjour dans ces villes un impérissable souvenir; nous espérons que notre nouvelle rencontre sur le terrain pacifique de l'hygiène resserrera davantage encore les liens d'amitié qui nous unissent à nos collègues, venus de si loin pour nous apporter les résultats de leurs recherches.

Nous vous souhaitons la plus cordiale bienvenue au nom des membres français du Congrès et, permettez-moi d'ajouter, au nom de cette antique Faculté où nous siégeons aujourd'hui.

Messieurs, en élevant la voix dans cette enceinte, il me semble que j'entends frémir d'indignation les mânes de nos vénérables ancêtres, professeurs en cette Faculté. Si les échos de cette séance arrivent jusqu'à eux, que penseront-ils de leurs fils! Eux, si jaloux de leurs privilèges et prérogatives! Eux qui, pendant des siècles, ont épuisé leurs forces dans une lutte stérile contre l'intrusion de leurs confrères ennemis, les barbiers et les chirurgiens! Présents à cette séance, ils verraient assis, à côté de ceux qui seuls avaient le droit de porter le bonnet doctoral, des ingénieurs, des chimistes, des architectes, des administrateurs! Ils entendraient les docteurs demander des conseils à ces laïques, et, chose plus horrible encore, ils constateraient que ces conseils sont suivis avec déférence, que même ils sont sollicités! Nous serions obligés de confesser que cette pénétration par les éléments étrangers constitue notre force véritable, que nous ne concevons pas la réalisation de nos futures réformes sanitaires sans leurs concours et sans leurs avis.

Nos ancêtres apprendraient enfin que la plus formidable des révolutions qui, depuis trente siècles, ait secoué jusque dans ses fondements la science médicale, est l'œuvre d'un homme étranger à la corporation, et leurs fils ne lui crient pas anathème; ils l'admirent, ils subissent ses lois, ils revendiquent comme un honneur d'être les élèves de celui que notre regretté collègue Bouley appelait « le maître », tous nous nous proclamons les disciples de Pasteur.

Messieurs, l'hygiène n'est plus un champ livré aux recherches d'une petite confrérie. Elle a détruit ses vieux remparts. Elle a appelé à son aide tous les citoyens de bonne volonté, quelle que soit leur profession, quelle que soit leur nationalité. Elle a compris que son rôle ne se limitait pas à des conseils individuels; que les découvertes de ses maîtres lui imposaient de nouveaux devoirs, elle les a acceptés. Elle a proclamé la solidarité des habitants, les uns vis-à-vis des autres, de toutes les agglomérations humaines entre elles. Elle a reconnu que les frontières géographiques n'arrêtaient ni les épidémies, ni les produits falsifiés. La réunion des conférences internationales, celle des congrès, est la démonstration éclatante de cette vérité. Vous n'êtes venus de tous les pays que parce que vous considérez vos intérêts sanitaires comme communs, les questions hygiéniques comme identiques dans toutes les contrées. C'est pour cela que nous sommes réunis.

C'est peut-être aussi parce que nous avons tenu à unir toutes les bonnes volontés, même extra-médicales, que nous avons conquis l'opinion publique. Aujourd'hui, il n'est plus personne qui ne rende hommage à l'hygiène, hommage trop souvent platonique, je le sais. Mais si le mot du moraliste est vrai, si l'hypocrisie n'est qu'un hommage rendu à la vertu, n'est-ce pas déjà quelque chose que d'avoir obtenu pour l'idole un respect réel ou apparent?

Des projets de loi sur l'organisation des différents services de l'hygiène, sur la prophylaxie des épidémies, sur les falsifications des denrées alimentaires, sont à l'ordre du jour des parlements de tous les pays. Les discussions réservées jusqu'à ce jour aux académies de médecine et aux sociétés savantes ont fait invasion dans les chambres législatives. En France, au moment où il a pris possession du pouvoir, M. le Président de la République, justement pénétré des intérêts de la démocratie, dont il est le représentant le plus élevé et le plus respecté, a inscrit la réforme des services de l'hygiène au nombre de celles qui devaient être tout d'abord l'objet des préoccupations des législateurs.

Messieurs et chers collègues, sommes-nous donc près du port? Devons-nous rendre grâces aux dieux et déclarer notre tâche terminée? Hélas! non. Chacun, dans la société, a conscience que nous sommes mieux armés pour la défense de la vie et de la santé de nos concitoyens; on attend avec espoir, on nous reproche même nos lenteurs. Mais chaque fois que nous voulons présenter dans le monde le nouveau Messie, il s'élève un concert de cris de douleurs.

C'est que nous nous heurtons à un obstacle terrible. La solution d'une question d'hygiène publique, qu'il s'agisse de l'assainissement des ports, des villes, des campagnes, de la poursuite des falsifications, nécessite une dépense ou compromet des intérêts.

Pour assainir une maison, une ville, il faut faire des travaux; pour se défendre contre l'importation des maladies exotiques, il faut retarder le déchargement d'un navire; pour interdire la vente d'une denrée nuisible à la santé, il faut troubler des intérêts plus ou moins respectables, mais qu'importe, ceux qui sont atteints par la dépense ou lésés dans leurs transactions protestent, ils initient le public à leurs doléances. Ceux qui, protégés, n'ont pas été victimes de la peste, de la fièvre jaune, du choléra, de la fièvre typhoïde, ceux qui ne sont plus empoisonnés par les denrées falsifiées, élèvent-ils la voix pour contredire aux plaintes que l'on entend de toutes parts? Nullement. Comment me croirais-je obligé d'adresser un témoignage de reconnaissance à quelqu'un, voire même au gouvernement, peu habitué d'ailleurs à entendre ces sortes de manifestations, pour une maladie que je n'ai pas eue, que j'aurais pu avoir peut-être? J'ignore même le plus souvent que le danger m'a menacé.

L'homme satisfait est muet par nature, la victime ou la personne qui se croit victime est seule disposée à communiquer ses impressions à ses concitoyens. Aussi l'intervention de l'hygiène n'a pas la réputation de faire naître de vives satisfactions. Cela se dit et parfois même se met en chansons.

Suivant moi, les congrès peuvent seuls triompher de cet obstacle. Isolés, nos meilleures résolutions ne peuvent l'ébranler.

Quand, dans un pays quelconque, ceux qui ont l'honneur d'être appelés dans les conseils du gouvernement proposent de prendre telle ou telle mesure d'hygiène, quand ils demandent aux pouvoirs publics de transformer en des actes leurs conceptions hygiéniques, ils sont obligés d'avouer que le premier résultat sera une dépense. Chacun défend son intérêt pécuniaire plus tangible pour lui que l'intérêt de sa vie ou celle de sa famille. La dépense est certaine, le danger personnel douteux ou inconnu.

Le gouvernement hésite. La valeur scientifique ou pratique de la résolution est elle-même contestée. Il y a toujours quelque savant ou quelque médecin qui ne partage pas l'avis émis par ses confrères. Il va parfois même, quand il n'a plus d'autre argument, jusqu'à les accuser de faire une chose horrible, de « la science officielle ». Je ne sais ce que représente cette locution, à moins qu'elle ne veuille dire que l'hygiéniste est condamné à remuer sans cesse les mêmes idées dans des discussions purement académiques, à ne jamais leur demander de transformer en acte les décisions capables d'améliorer le sort des populations.

En présence de ces débats et de ces plaintes, le gouvernement est troublé. Mais si, après un de ces congrès, nous venons le trouver, si nous lui disons : La question qui vous préoccupe a été débattue publiquement dans les congrès auxquels pouvaient prendre part tous les médecins, ingénieurs, chimistes, architectes, tous les citoyens qui dans le monde entier s'intéressent aux choses de l'hygiène ; cette question était portée à l'ordre du jour; on savait qu'elle serait étudiée ; les savants de tous les pays sont venus; des résolutions ont été proposées et acceptées; celles que je vous avais soumises ont été adoptées, comment voulez-vous que les pouvoirs publics hésitent encore?

Telle est, suivant moi, une des raisons d'être de nos congrès : discerner les questions que l'on peut actuellement résoudre, les étudier, formuler des conclusions en se limitant tout d'abord à préciser les points principaux ; exposer comment, dans les divers pays, les mêmes problèmes ont été résolus. Dans les sciences d'application, en effet, les solutions peuvent être diverses suivant les lieux et les circonstances. Il appartient ensuite à chacun de nous de choisir celles qui sont le mieux appropriées à son pays, à ses mœurs, à la législation en vigueur.

Messieurs, il est facile de montrer que c'est là ce qui se dégage des travaux poursuivis avec persévérance dans les congrès antérieurs. Nous avons pu dire aux gouvernements qui nous avaient délégués : Nous sommes d'accord sur l'ensemble des mesures qu'il convient de prendre pour préserver l'Europe contre l'envahissement des maladies exotiques, pour empêcher la propagation de quelques-unes des maladies transmissibles nées à l'intérieur du territoire, ainsi que sur la nocuité d'un certain nombre de falsifications.

Pour les maladies exotiques, nous pouvons mettre la patrie à l'abri des désastres qui suivent l'invasion de la fièvre jaune ou de la peste. Nous savons que le procédé n'est pas infaillible, mais si la trahison d'un gardien de lazaret a coûté à l'Espagne, en 1884-85, 200,000 habitants, devons-nous dire que le système doit être abandonné? Parce qu'une forteresse réputée imprenable a pu être livrée aux ennemis, devons-nous raser toutes nos forteresses?

Mais si les Congrès de La Haye et de Vienne ont reconnu la nécessité actuelle de ce procédé de préservation, ils ont très bien dit qu'il ne fallait imposer au commerce que le minimum des mesures de précaution indispensables à l'hygiène. Les intérêts sanitaires et commerciaux sont solidaires. Quand une épidémie envahit un pays, les transactions commerciales s'arrêtent, la misère en est la conséquence, et la misère engendre les maladies. L'hygiène doit avoir souci des intérêts commerciaux ; quand ceux-ci sont prospères, la santé publique en bénéficie.

Pour arriver à ce résultat, deux principes ont été soutenus avec une ardeur extrême par des apôtres également convaincus. Les uns, guidés par l'illustre chef de l'École de Munich, M. Pettenkofer, ont soutenu que les épidémies sont régies par l'état d'insalubrité du sol des villes ou des contrées. Assainir ce sol, c'est supprimer les épidémies. D'autres affirmaient que le danger vrai est l'importation du germe morbide. Empêcher ce germe des maladies exotiques de pénétrer dans les ports suffit à la préservation.

Chacune de ces deux formules ne contient qu'une part de la vérité ; celle de notre ancien maître Fauvel est plus large et plus juste : « Un incendie n'est pas proportionné à l'étincelle qui lui a donné naissance, mais à la combustibilité et à l'agglomération des matières qu'elle rencontre. » A Vienne, vous avez adopté cette doctrine, et vous avez déclaré que, s'il y avait lieu d'éviter l'étincelle, de repousser le germe, il fallait aussi stériliser le sol sur lequel celui-ci viendrait à tomber.

Stériliser le sol est une belle formule, mais c'est une longue et dispendieuse entreprise. Nos excellents voisins d'outre-Manche, dont on vante à juste titre le sens pratique, ont consacré à la stérilisation de leurs ports un milliard et demi, et ils n'ont plus craint l'importation des germes morbides; mais ils se sont bien gardés d'appliquer à leurs autres possessions les mesures applicables dans l'île de la Grande-Bretagne, compatibles avec leurs mœurs et leurs lois. A Malte, à Gibraltar, à Chypre, ils repoussent les navires infectés, ils sont plus sévères même que les peuples dont ils ont bien souvent combattu les doctrines quarantenaires.

D'ailleurs, à mesure que les données scientifiques se précisent, l'outillage se perfectionne, et les quarantaines, auxquelles une tradition séculaire a fait un vilain renom, auront à peu près disparu quand, ainsi que M. Proust l'a établi à La Haye, Anvers et Vienne, on aura à bord des navires des étuves à désinfection et un personnel médical sachant utiliser les appareils mis à sa disposition, responsable vis-à-vis du service de santé et vis-à-vis de lui seul.

Pour les maladies transmissibles nées sur notre sol, vous vous êtes inspirés des mêmes idées. Deux de ces maladies peuvent être dès maintenant qualifiées de maladies évitables.

Il y a vingt ans, Lorain disait déjà de la variole qu'un jour viendrait où on mesurerait le degré de civilisation d'un peuple au nombre des varioleux qu'il perd chaque année. En 1880, vous proclamiez à Turin la nécessité de la vaccination et de la revaccination obligatoires. Puisque cette prescription n'est pas encore légale dans tous les pays, faut-il rappeler le tribut que payent à la variole les peuples qui n'ont pas encore suivi votre conseil? Le bilan a été établi par l'office impérial allemand. De 1876 à 1882, dans les villes où l'obligation est formelle, la mortalité par variole a été, pour 100,000 hommes, 1 ou 2 (Berlin, Hambourg, Breslau, Munich, Dresde). Dans les villes où l'obligation n'existe pas ou est mal appliquée, la mortalité par variole a été : Londres, 32; Paris, 36; Vienne, 97; Saint-Pétersbourg, 103; Prague, 151.

Vous avez pour la fièvre typhoïde, à Genève en 1882, à Vienne en 1887, formulé des conclusions aussi précises. Dans nos climats, la fièvre typhoïde fait des ravages incessants, elle tue en un siècle plus de victimes que les pestes les plus redoutées, mais qui ne sont que des fléaux passagers. Elle moissonne de préférence les jeunes gens, ceux qui, arrivés à l'âge adulte, ont déjà beaucoup coûté et peu rapporté. Nous connaissons son mode principal de propagation. Quand l'eau potable est polluée par les déjections typhiques, l'épidémie éclate dans toute la population qui en fait usage, dans un temps très court. L'air, les contacts des mains, des vêtements, peuvent certainement transmettre le germe morbide, mais créent une épidémie limitée à la famille ou à la maison. L'action de l'eau est, au contraire, générale; c'est elle qui engendre les épidémies qui déciment une ville ou une armée et compromettent parfois la défense nationale.

Il faut donc donner aux villes et aux villages une eau pure, emmener au loin les eaux souillées. Amener de l'eau à l'abri de toute pollution est parfois onéreux, mais est possible. Ne pouvons-nous pas imiter les Romains? Les superbes aqueducs qui subsistent encore, trop souvent à l'état de ruines, dans les diverses contrées qu'ils ont occupées, témoignent de l'importance qu'ils attribuaient à la pureté de l'eau potable et de leur génie sanitaire.

Un de nos présidents d'honneur, M. de Freycinet, a profité de son passage au ministère de la Guerre pour appliquer cette conclusion. Nous vous demandons d'applaudir à cet arrêté, qui marque une date dans les progrès de l'hygiène,

Dans les discussions mémorables qui ont occupé successivement tous les Congrès dont je rappelais les noms et dans lesquels notre regretté collègue Alfred Durand-Claye a si brillamment défendu ses opinions, vous avez dit quels dangers naissent de la stagnation des matières usées.

Vous avez voulu écarter de la maison, de la rue, de la cité, les eaux souillées, les déjections de l'homme malade, dangereuses pour l'homme sain.

Vous avez compté et dit que les champs préparés à cet effet suffiraient à détruire ces dangereux micro-organismes.

Les uns et les autres nous nous sommes adressés aux gouvernements et aux municipalités, et, forts de vos résolutions, nous leur avons dit : l'accord est complet; si les procédés d'application peuvent varier suivant les circonstances, les principes sont fermes, l'outillage est créé. Pour répondre aux indications formulées par vous, des ingénieurs ont fait surgir une industrie nouvelle : le génie sanitaire, dont vous pouvez contempler les appareils à l'Exposition. Il faut passer aux actes.

Pour vaincre les dernières résistances, faut-il citer des chiffres? Prenons la France pour exemple. Chaque année, par variole et fièvre typhoïde, ces deux maladies évitables, il meurt 25 à 30,000 jeunes gens de dix-huit à trente ans. On peut les garder à leur famille et à leur patrie; il suffit de le vouloir.

La mort de chacun d'eux est un crime; nous pécherions par grave négligence si nous ne le proclamions pas à haute voix.

Pensez-vous que chacun, dans la mesure de ses pouvoirs, parlement et gouvernement, ne sentira pas la lourde responsabilité qui pèse sur lui?

Mes chers Collègues, n'auriez-vous que ces déclarations à votre actif, votre labeur n'aurait pas été vain. Je ne puis et ne veux étendre ce trop long résumé; permettez-moi seulement de rappeler à votre attention la question des falsifications des denrées alimentaires.

Depuis quelques années, dans tous les pays, ces adultérations ont revêtu un caractère de plus en plus général. Tous les peuples se sont aperçus presque en même temps que les lois qui les protégeaient étaient insuffisantes. Il ne s'agit plus du petit commerçant qui trompe et empoisonne ses quelques voisins.

La rapidité des communications, la concentration du grand commerce entre les mains de puissantes compagnies commerciales, ont eu un résultat menaçant pour la santé publique. Quand, dans une denrée servant à l'alimentation, et sous prétexte de la conserver ou de l'améliorer, on introduit quelque substance nuisible, tout un pays, parfois même toute l'Europe, se trouve menacée, non pas d'un empoisonnement brutal, ceci est rare et limité, mais de troubles se développant lentement et pouvant compromettre la santé et la vie de toute une génération. De gros capitaux sont engagés dans la lutte, et quand, au nom de l'hygiène, on cherche à s'opposer au danger, les intéressés ne manquent pas de prétendre que l'on ruine le commerce national.

Vous avez, il y a deux ans, formulé à Vienne des conclusions ayant pour but d'établir une entente internationale entre les hygiénistes et les chimistes, de façon à ce que les mêmes produits soient prohibés, les mêmes méthodes d'analyses appliquées; n'est-ce pas là véritablement œuvre internationale?

Je me hâte d'ajouter que, depuis quelques années, les commerçants honnêtes, révoltés par les procédés des falsificateurs qui compromettaient par leurs actes la réputation commerciale de leur patrie, ont élevé la voix et ont eux-mêmes réclamé des hygiénistes et des pouvoirs publics des lois protégeant la santé et la fortune de leur pays.

Je passe volontairement sous silence un grand nombre de vos travaux. Il vous en reste de non moins grands à accomplir. Vous aurez à tirer les conséquences pratiques des découvertes de Villemin et de Robert Koch sur la phtisie. Un de nos collègues a dit que lorsque l'on connaissait bien son ennemi, il était près d'être vaincu; espérons qu'il en sera ainsi du bacille de la tuberculose, le véritable fléau de la race humaine.

Un congrès spécial s'est occupé, cette année, d'une question qui a déjà fait l'objet de vos délibérations; je veux parler de l'alcoolisme. Cette année elle ne figure donc pas au programme qui vous a été distribué, mais nous devrons la reprendre. L'alcoolique est un danger pour la société; je suis convaincu, pour ma part, que l'avenir appartiendra aux peuples sobres. Un pays paye bien cher l'argent qui entre dans les caisses de l'État ou de la commune, quand un citoyen boit un petit verre d'eau-de-vie. L'alcoolique est un être faible cérébralement, capable des pires inspirations. Il est dangereux pour lui et ses concitoyens, il entre pour plus de la moitié dans les pensionnaires des prisons; il peuple les hôpitaux et les asiles d'aliénés. Il est ruineux pour sa famille et pour la commune qui, après avoir secouru sa misère et celle de sa femme, est obligée de faire vivre ses enfants scrofuleux, idiots, épileptiques, incapables de travailler pour suffire à leur subsistance.

Cette année, vous aurez à délibérer sur des questions qui se rattachent pour la plupart à celles que je viens de rappeler : Protection de la santé et de la vie de l'enfance, utilisation des détritus des grandes villes, action du sol sur les germes pathogènes, protection des nappes d'eau souterraines, etc. Je ne doute pas que les documents que tous vous apportez ne complètent les rapports qui vous ont été distribués, et j'espère que le Congrès de 1889 aura des conséquences aussi heureuses que ceux qui l'ont précédé.

Messieurs, en ouvrant les séances du Congrès, je serais bien ingrat si je ne vous confiais pas à qui vous en devez rapporter le succès. Il a été préparé avec un soin, une attention méticuleuse par le plus zélé et le plus aimable des hommes, par notre excellent secrétaire général, M. le Dr Napias, aidé dans son œuvre par son adjoint M. le Dr Martin, par M. le Dr Thevenot et une pléiade de jeunes secrétaires.

Messieurs, avant de terminer, permettez-moi de m'adresser, en votre nom, à ces jeunes collaborateurs, et de leur dire : C'est avec joie que nous saluons votre arrivée parmi nous. Nous savons que nous devons être poussés par de plus ardents pour continuer nos efforts. Soyez ces ardents, vous entrez dans la carrière alors que vos aînés y sont encore ; plus heureux que ceux-ci, vous êtes nés à la science alors que l'outillage scientifique était créé. Vous avez pu apprendre la technique de votre métier dans les laboratoires que notre génération a fait créer pour vous, alors qu'elle en avait été privée. Vous abordez les recherches avec des armes que vous nous devez, et dont nous ne saurions plus, pour la plupart, apprendre à nous servir. Que vos travaux nous récompensent de nos efforts.

Je ne sais si l'aile du génie caressera quelques-uns d'entre vous, mais je sais que vous êtes laborieux, et le génie ne vient pas chez ceux qui ne le conquièrent pas de haute lutte par un travail persévérant.

Messieurs, au nom des hygiénistes qui, cinq fois déjà, ont dans les divers pays combattu le bon combat, je salue nos jeunes collègues ; notre génération a préparé l'opinion publique et les armes ; à eux de s'en saisir et de s'en servir pour le bien de l'humanité.

COMPTE RENDU DU CONGRÈS INTERNATIONAL D'HYGIÈNE ET DE DÉMOGRAPHIE

Par le Docteur L. REUSS.

Lors de la clôture du sixième Congrès international d'hygiène, réuni à Vienne en 1887, les représentants de la science française proposèrent d'organiser à Paris, en 1889, un Congrès d'hygiène pendant le cours de l'Exposition universelle.

Le Congrès de Vienne approuva cette manière de voir, et l'affluence des hygiénistes français et étrangers au Congrès de 1889 prouve à quel point les délégués français ont été bien inspirés en formulant leur proposition.

Le Comité d'organisation, composé de MM. Brouardel, Bergeron, Bourneville, Chautemps, Cornil, Chauveau, Colin, Dubrisay, Dujardin-Beaumetz, Gariel, Gavarret, Grancher, Jacquot, Levraud, Mayer, Martin, Monod, Nicolas, Napias, Peyron, Gabriel Pouchet, Proust, Rochard, Siegfried, Strauss, Thévenot, Em. Trélat, Ul. Trélat, Vallin et Vaudremer, n'a pas ménagé ses efforts pour la réussite du congrès.

Il a brillamment réussi : par le nombre des adhérents, par l'importance des discussions, le Congrès de Paris ne le cédera en rien aux réunions internationales précédentes.

Le congrès est divisé en huit sections :

Section I : *Hygiène de l'enfance.* — Allaitement. — Protection et hygiène du premier âge. — Hygiène scolaire. — Surmenage, etc.

Section II : *Hygiène urbaine et rurale.* — Construction et disposition des habitations privées et collectives. — Chauffage. — Ventilation. — Canalisations souterraines. — Logements insalubres. — Constructions rurales. — Étables. — Fosses à fumier, etc.

Section III : *Bactériologie appliquée à l'hygiène.* — Maladies épidémiques et contagieuses, etc.

2

Section IV : *Hygiène industrielle et professionnelle.* — Enfance ouvrière. — Industries insalubres. — Maladies et accidents professionnels.

Section V : *Hygiène internationale et sanitaire.*

Section VI : *Hygiène alimentaire.* — Falsifications. — Eau potable. — Filtrage, etc.

Section VII : *Démographie.* — Statistique sanitaire.

Section VIII : *Crémation.* — La section VIII constitue en quelque sorte un congrès spécial présidé par le président de la Commission internationale de crémation, mais sous l'autorité du Comité d'organisation.

Les questions proposées par le Comité d'organisation à la discussion des sections sont au nombre de huit, à savoir :

1. *Mesures d'ordre législatif, administratif et médical prises dans les divers pays pour la protection de la santé et de la vie de la première enfance.* — Rapporteurs : MM. le docteur Landouzy, médecin des hôpitaux, professeur agrégé à la Faculté de médecine de Paris ; et le docteur H. Napias, inspecteur général des services administratifs du Ministère de l'intérieur.

2. *De l'enlèvement et de l'utilisation des détritus solides (fumiers, boues, gadoues, débris de cuisine, etc.) dans les villes et dans les campagnes.* — Rapporteurs : MM. du Mesnil, membre de la Commission des logements insalubres de la ville de Paris, secrétaire du Comité consultatif d'hygiène ; et Journet, ingénieur des ponts et chaussées, attaché à la direction des travaux de Paris.

3. *Régime et distribution de la température dans l'habitation.* — Rapporteurs : MM. Émile Trélat, directeur de l'École spéciale d'architecture ; et Somasco, ingénieur.

4. *Action du sol sur les germes pathogènes.* — Rapporteurs : MM. le docteur Grancher, professeur à la Faculté de médecine de Paris ; et le docteur Richard, médecin-major, membre du Comité consultatif d'hygiène.

5. *Protection des cours d'eau et des nappes souterraines contre la pollution par les résidus industriels.* — Rapporteurs :

MM. le docteur J. Arnould, médecin-inspecteur de l'armée, professeur à la Faculté de médecine de Lille; et le docteur A.-J. Martin, membre du Comité consultatif d'hygiène.

6. *De l'assainissement des ports.* — Rapporteur: M. le docteur A. Proust, professeur d'hygiène à la Faculté de Paris, inspecteur général des services sanitaires, etc.

7. *Accidents causés par les substances alimentaires d'origine animale contenant des alcaloïdes toxiques.* — Rapporteurs : MM. P. Brouardel, doyen de la Faculté de médecine de Paris; Gabriel Pouchet, membre du Comité consultatif d'hygiène; et le docteur Loye.

8. *De la statistique des causes de décès dans les villes.* — Rapporteur : M. le docteur J Bertillon, chef du service démographique de la ville de Paris, membre du Comité consultatif d'hygiène publique de France, etc.

L'organisation des bureaux nommés par le Comité d'organisation est la suivante :

Présidents d'honneur : M. le Ministre de l'Intérieur, M. le président du Conseil municipal de Paris, MM. Pasteur, de Freycinet, Gréard, Dr Bergeron, Chauveau, Levasseur, Théophile Roussel.

Président : M. le Dr Brouardel.

Vice-Présidents : MM. Em. Trélat, Siegfried, Rochard, H. Monod, Nicolas, Léon Colin, Lagneau, Levraud, Lacassagne.

Secrétaire général : M. le Dr Napias.

Secrétaire général adjoint : M. le Dr A.-J. Martin.

Trésorier : M. le Dr Thévenot.

Archiviste : M. le Dr Neumann.

Un certain nombre de présidents d'honneur étrangers ont été désignés en outre, ce sont : MM. Von Gruber et Körösi, pour l'Autriche-Hongrie; MM. les Drs Crocq, Janssens et Kuborn, membres de l'Académie de médecine de Bruxelles, pour la Belgique; MM. Borup et de Scholler, pour le Danemark; MM. les Drs Andres y Espalas et José Calvo, pour l'Espagne; MM. le capitaine Douglas Galton et le Dr Corfield, pour la Grande-Bretagne; MM. les Drs Corradi et Pacchiotti, pour l'Italie; M. Andersen, pour la Norvège; M. le Dr Van Overbeek de Meyer, pour les Pays-Bas; M. le Dr Coni, pour la République Argentine; M. le professeur Félix, pour la Roumanie; MM. de Jahnson et le comte de Suzor, pour la Russie; MM. les Drs Dunant et Schmid, pour la Suisse; M. le colonel Bonkowsky-bey, pour la Turquie.

Les travaux du Congrès ont été ouverts le dimanche 4 août, à 4 heures, par une séance solennelle tenue dans le grand amphithéâtre de la Faculté de médecine, sous la présidence honoraire de M. le ministre de l'intérieur et la présidence effective de M. le professeur Brouardel, président du Comité consultatif d'hygiène de France.

Bien avant l'heure fixée, les adhérents se pressaient dans les cours de l'École et les bureaux du Congrès. Le vieil amphithéâtre, artistement décoré de tentures rouges et de plantes vertes, présentait un coup d'œil charmant. Les toilettes claires des dames y jetaient une note gaie et imprévue. Les gradins étaient absolument combles au moment où M. le professeur Brouardel montait au fauteuil et proclamait solennellement l'ouverture du Congrès.

Dans son discours, fréquemment souligné par les applaudissements, le président a retracé dans leurs grandes lignes les progrès incessants réalisés en hygiène depuis 1887; il insiste sur l'importance de ces réunions périodiques qui, par l'unanimité des décisions prises, pèsent d'un grand poids sur les résolutions effectives des gouvernements. Nos lecteurs ont certainement apprécié à sa juste valeur ce discours brillant et savant, qui, sous une forme élégante et spirituelle, fixe avec une magistrale netteté aux hygiénistes réunis en congrès les devoirs et les responsabilités qui leur incombent.

Après lui, M. le capitaine Douglas Galton, président du *Sanitary Institute* de la Grande-Bretagne; M. le professeur Pacciotti, sénateur du royaume d'Italie, président du Congrès de Turin en 1880; M. Crocq, sénateur du royaume de Belgique, prennent successivement la parole pour affirmer la solidarité de tous les peuples en matière d'hygiène et rendre compte des progrès accomplis durant ces dernières années, dans leurs pays respectifs, dans le domaine de la santé publique. MM. Dekterew et Belmas apportent les salutations de la Russie et de l'Espagne. M. Félix, professeur à l'université de Bucarest, rend hommage, avec un accent ému, à la mémoire des grands hygiénistes morts depuis le dernier Congrès de Paris, en 1878. Il rappelle les noms de Gubler, Bouchardat, Bouley, Fauvel, Durand-Claye, Liouville, Paul Bert, Wurtz et Ambroise Tardieu.

Enfin M. Chautemps, président du Conseil municipal, remercie, au nom de la ville de Paris, les orateurs qui ont bien voulu, dans leurs discours, rendre hommage à la sollicitude avec laquelle la Ville s'occupe des intérêts hygiéniques de ses administrés.

Les municipalités ont le devoir de suivre avec intérêt les travaux des hygiénistes ; gardiennes de la santé publique, elles ne doivent pas assister impassibles à ces grandes discussions :

« N'a-t-on pas vu, dit-il en terminant, la mortalité par maladies zymotiques s'abaisser à Bruxelles dès les premiers mois qui ont suivi la constitution du Bureau d'hygiène, dont M. le délégué de Belgique nous parlait tout à l'heure avec une légitime fierté ? Le même phénomène ne s'est-il pas produit en Italie presque immédiatement après la mise en vigueur de la loi dont il vient de nous être parlé et qui organisait dans tout le royaume la défense sanitaire ?

« Il y a là des faits qui sont de nature à frapper les gouvernements et les municipalités et qui justifient notre présence dans vos congrès, où nous ne venons point avec l'ambition de vous instruire, mais seulement celle de nous éclairer.

« Vous avez donc un peu interverti les rôles, Messieurs les délégués des pays étrangers, lorsque vous avez remercié le Conseil municipal de Paris de s'être fait représenter à votre congrès, car c'est nous, au contraire, qui vous devons une vive gratitude pour l'empressement avec lequel vous nous avez apporté le secours de vos lumières; vous avez affirmé par votre présence que, s'il peut y avoir entre les hygiénistes des diverses nations une noble et féconde émulation, cette rivalité ne saurait aller jusqu'à une concurrence indigne du caractère élevé des savants qui s'adonnent à cette science utile entre toutes.

« Toutes les nations sont solidaires à l'égard des microbes, et chacun sait aujourd'hui qu'il ne faut pas mesurer ses ennemis à leur taille : vainqueur du tigre et du lion, l'homme est chaque jour vaincu par les infiniment petits.

« Merci donc à vous, Messieurs, au nom du Conseil municipal de Paris, qui sera fier, jeudi prochain, de vous recevoir à l'Hôtel de ville. »

Puis M. le Dr H. Napias, secrétaire général, expose en ses grandes lignes l'organisation du Congrès ; il rappelle que le premier Congrès d'hygiène s'est tenu à Bruxelles en 1852 ; qu'un deuxième Congrès y eut lieu en 1876, sans que toutefois, en se séparant, les hygiénistes décidassent la permanence de leurs études, ou fixassent un lieu et une date pour une réunion ultérieure. C'est à la France que revient l'honneur d'avoir établi la périodicité de ces réunions internationales. En 1878, en effet, la Société de médecine publique et d'hygiène professionnelle prit l'initiative d'un Congrès d'hygiène international qui a brillamment réussi ; la route était indiquée et on ne s'est pas séparé, cette fois, sans fixer le siège d'un troisième Congrès à Turin pour 1880. Depuis, les hygiénistes se sont retrouvés à Genève en 1882, à La Haye en 1884, à Vienne en 1887.

« Cette fois-ci, dit M. Napias, c'est encore la Société de médecine publique qui a pris l'initiative, et, si elle a réussi, c'est qu'elle a rencontré le précieux concours du Comité consultatif d'hygiène de France, le haut appui du gouvernement, l'aide généreuse de la ville de Paris, la collaboration de beaucoup de municipalités et de sociétés savantes, et c'est qu'elle avait aussi la certitude qu'elle trouverait chez la plupart des hygiénistes étrangers une sympathique bienveillance dont leur présence vient témoigner aujourd'hui.

« Le nombre des adhérents au Congrès international d'hygiène et de démographie de Paris en 1889 est de 632, parmi lesquels on compte 120 étrangers.

« 28 nations y sont représentées, et, parmi nos collègues étrangers, nous en comptons 26 qui viennent de la Belgique, 10 de l'Angleterre, 10 de l'Italie, 4 de la Suisse, 14 de la Russie, 6 de la

Roumanie, 8 de l'Espagne, 6 de la Turquie et de l'Égypte, 3 du Danemark, 3 de la Suède-Norvège, 4 de l'Autriche-Hongrie, 4 du Brésil, 10 des divers pays de l'Amérique.

« Nous aurions voulu que le chiffre de nos adhérents, si grand déjà, le fût plus encore ; nous sentons, en effet, combien il est utile d'attirer dans le temple d'Hygie, qui profite aujourd'hui de l'hospitalité que lui donne Esculape, une foule plus grande chaque jour de fervents zélateurs.

« Beaucoup sans doute seraient venus à nous si la multiplicité des congrès ne les avait conduits — les obligeant à choisir — à se spécialiser trop exclusivement.

« D'autres ont été retenus dans leurs pays par des pensées ou des considérations très étrangères à la science pacifique pour l'étude de laquelle nous unissons nos efforts confraternels. Nous ne pouvons que les plaindre. »

M. Napias cite les administrations publiques, les sociétés, les corps savants qui ont envoyé des délégations; ce sont, en France, les ministères de l'intérieur, de la marine, de la guerre, des travaux publics, de l'instruction publique; les préfectures de la Seine et de police; les départements de Meurthe-et-Moselle, de la Gironde, d'Alger; le protectorat de la Tunisie; l'administration de l'assistance publique, l'Académie de médecine, les associations philotechnique et polytechnique, la société médico-pratique de Paris, la société médicale des hôpitaux de Paris, la société des crèches, les commissions d'hygiène de plusieurs arrondissements de Paris, les conseils centraux d'hygiène du Nord, du Finistère, de la Seine-Inférieure, de la Vienne, d'Indre-et-Loire, de Seine-et-Oise; la commission des logements insalubres de Paris, etc. ; les villes de Nantes, Nancy, Bernay, Orléans, Castres, Elbeuf, Tours, Rouen, Bordeaux, Saint-Étienne, Moulins, Vannes, la Ferté-Gaucher, Épinal, Besançon, Fontainebleau, Poitiers, le Mans, Béziers, Marseille, Reims, Melun, Saint-Claude, Honfleur, Toulouse, Saint-Ouen et Beauvais.

Le secrétaire général constate que c'est la première fois que les municipalités se sont ainsi fait représenter en grand nombre à un congrès d'hygiène et manifestent si hautement le souci qu'elles ont de la santé de leurs administrés.

« Ces sentiments humanitaires, continue M. Napias, se font aujourd'hui voir à tout instant et dans tous les pays ; le Congrès international d'hygiène en fournit la preuve éclatante par les délégations qu'il a reçues des gouvernements ou des commissaires généraux près l'Exposition universelle de la Belgique, du Danemark, du Brésil, de la Roumanie, de l'Espagne, de la Grande-Bretagne, de la Serbie, de la Bulgarie, du Mexique, de la Turquie, de l'Egypte, du Chili, de la Suisse, etc.

« Les villes d'Anvers, de Lausanne, de Montréal, de Washington nous ont envoyé des délégués ; et nous nous honorons d'en avoir reçu d'un grand nombre de sociétés parmi lesquelles nous citerons : l'académie de médecine de Belgique, la société royale de médecine publique de Belgique, le Sanitary Institute de Londres, le Smithsonian Institut de Washington, les sociétés d'hygiène de Russie, d'Espagne, de Turin, de Palerme, de Florence, la société d'hygiène de Finlande, etc. »

Le secrétaire général fixe ensuite pour la durée du Congrès l'ordre des séances pour chacune des sections : les sections I, III, V, VII tiendront leurs séances les lundi 5 et jeudi 8 août; les sections II, IV, VI, les mardi 6 et vendredi 9 août. Les séances du matin sont réservées aux communications annoncées par les membres du Congrès; celles de l'après-midi à la discussion des rapports. Il a été décidé aussi que la section VIII (crémation) fixerait elle-même l'heure de ses réunions et son ordre du jour.

La séance est levée à 6 heures.

Je suivrai dans le compte rendu des travaux du Congrès l'ordre adopté par le Comité.

Lundi 5 aout.

Section I. — *Séance du matin :* MM. Théophile Roussel et Bergeron, *présidents d'honneur ;* M. le Dr Layet (Bordeaux), *président ;* M. Mangenot (Paris), *vice-président.*

La séance est ouverte à 9 heures.

M. le Dr Jablonski lit un mémoire sur *les mesures prophylactiques à prendre dans les lycées et dans les écoles.* Il établit, dans sa communication, que dans les pays où règne la suette miliaire, celle-ci doit être rangée parmi les maladies contagieuses et entraîner les mêmes précautions prophylactiques que la scarlatine ou la rougeole. La suette se transmet pendant les périodes d'invasion et d'éruption, c'est-à-dire pendant les dix ou quinze premiers jours; mais, étant donnée la fréquence des éruptions successives, M. Jablonski demande que les élèves atteints ne puissent revenir à l'école qu'au bout de quarante jours.

La roséole est, elle aussi, contagieuse; elle a une incubation de six à quatorze jours et une évolution de sept jours; il serait prudent de demander trois semaines d'isolement pour les enfants qui ont été atteints.

Enfin M. Jablonski demande qu'on élimine absolument des collèges et des écoles les enfants atteints ou suspects de tuberculose.

Il prie la section de vouloir bien émettre les vœux suivants :

1° Les élèves des établissements d'instruction atteints de suette miliaire ou de roséole seront isolés de leurs camarades;

2° La durée de l'isolement sera de quarante jours pour la suette et de vingt-cinq pour la roséole;

3° Les élèves atteints ou suspects de tuberculose seront renvoyés dans leur famille; ils ne pourront être admis de nouveau dans aucun établissement scolaire s'ils n'ont été préalablement soumis à l'inspection d'un médecin délégué, qui s'assurera par l'auscultation, la percussion, la mensuration du thorax et les autres procédés de diagnostic, qu'ils ne présentent aucun signe ancien ou récent de la maladie.

M. Jenot (de Dercy) se demande si le licenciement de l'école ne favorise pas plutôt la contagion entre les enfants qu'il ne la combat.

M. Bergeron (Paris). — Quand l'Académie de médecine a discuté et examiné les maladies nécessitant l'isolement et l'exclusion des écoles, on n'a pas pensé à la suette, inconnue à Paris. Cet oubli sera réparé. Il ne sait pas si la fermeture de l'école favorise la contagion. Cela peut arriver à la campagne, où les enfants, peu surveillés, vont où ils veulent. Il croit qu'il vaut mieux s'en tenir à l'exclusion des enfants atteints, en faisant examiner les autres par un médecin inspecteur.

M. Dumoulin est d'avis de subordonner, pour la roséole et la rougeole, l'isolement à la gravité des épidémies.

M. Drysdale (Londres) assure qu'à Londres la roséole et la suette sont si bénignes que l'on n'a jamais songé à faire de l'isolement à leur égard.

M. Félix (Bucarest), pour ce qui regarde la troisième proposition de M. Jablonski, trouve ses conclusions un peu sévères, mais bien fondées. Les crachats sont la cause de la contagion; tout enfant qui crache doit être isolé. Il vaut mieux donner à l'enfant une éducation moins complète que d'exposer les autres à devenir tuberculeux.

M. Drysdale soutient que les enfants tuberculeux ne crachent pas : il s'oppose au vote du troisième vœu de M. Jablonski.

M. Perrin et M. Landouzy trouvent qu'il ne faudrait éloigner de l'école que les enfants atteints de tuberculose confirmée.

M. Sevestre est d'avis que la proposition est trop draconienne : il faudrait engager le médecin à surveiller les enfants suspects et ne les éloigner que dans le cas d'une absolue nécessité.

M. Mangenot propose de mettre dans les collèges des crachoirs désinfectés et de forcer les enfants d'y cracher.

M. Félix répond qu'il serait impossible d'obtenir des enfants une obéissance absolue, et qu'il faut éloigner les tuberculeux de l'école.

M. Love demande qu'on laisse au règlement la plus grande élasticité et au médecin une certaine liberté d'action.

M. Landouzy insiste pour que les mots *tuberculose pulmonaire confirmée* soient introduits dans la rédaction du vœu.

M. Laurent s'oppose au mot *confirmée*.

M. Layet met aux voix les conclusions de M. Jablonski.

L'assemblée émet le vœu que la suette doit entrer dans le cadre des maladies qui demandent des mesures prophylactiques.

La question : la roséole doit-elle être rangée aussi parmi ces maladies? mise aux voix est repoussée.

La troisième conclusion ainsi formulée :

Les enfants atteints de tuberculose pulmonaire confirmée pourront nécessiter des mesures prophylactiques après avis du médecin autorisé, est adoptée.

M. Drysdale (Londres) fait une communication sur *l'influence de la trop grande natalité de la classe pauvre sur la durée de la vie*. Il insiste sur la natalité exagérée des familles pauvres : partout où il y a une forte natalité, il y a excédent de mortalité : dans les familles riches il ne meurt que 8 enfants p. 100 de 0 à 1 an ; dans les familles pauvres il en meurt 33 p. 100 ; chez les riches, la mortalité par tuberculose paraît être de 68 p. 1000; elle est de 230 p. 1000 dans les classes pauvres (Smith). La lutte pour la vie soutenue par les enfants pauvres est extraordinairement vive ; ils y pâtissent beaucoup. M. Drysdale termine en tirant de son travail les conclusions suivantes :

« Les gouvernements devraient décourager la production des familles trop nombreuses, au moyen d'une amende ne dépassant pas 40 francs par chaque enfant au-dessus d'un maximum de quatre. »

La séance est levée à 11 heures.

Séance du soir. — La séance est ouverte à 2 heures sous la présidence de M. le professeur Grancher.

M. R. Blache (Paris) fait une communication sur l'*hygiène et la protection des enfants du premier âge.* Après avoir constaté les progrès réalisés depuis cinquante ans dans la protection des jeunes enfants, après avoir signalé les difficultés qu'a rencontrées l'application de la loi Roussel, il insiste sur l'intérêt qui s'attache au service de l'inspectorat médical ; il demande que l'alimentation des nourrissons soit sérieusement surveillée, que la vaccination soit rendue obligatoire aux parents qui placent leurs enfants en nourrice ou en garde, que les nourrices soient tenues à faire vacciner leur nourrisson dans le délai d'un mois, que les nourrices elles-mêmes et leurs enfants soient vaccinés ; il voudrait que les nourrices soient sauvegardées contre une syphilisation possible par leur nourrisson ; qu'un enfant ne pût être élevé au biberon si le médecin ne l'a reconnu assez vigoureux pour supporter cet élevage; que les préceptes de l'hygiène pour la première enfance soient organisés, et que la fondation de crèches soit encouragée par les autorités administratives.

M. Fleury (de Bourges), tout en admettant que la loi Roussel a donné, là où elle est bien appliquée, d'excellents résultats, constate que dans la moitié des départements elle n'est pas rigoureusement obéie. Il est d'avis d'ajouter à l'article 8 un amendement autorisant une nourrice à se placer sans imposer l'obligation pour cette nourrice de faire élever son enfant au sein, et lors même que cet enfant n'aurait que quinze jours; il serait bon aussi que l'on rétablisse les bureaux de nourrice et que le médecin inspecteur soignât les enfants malades.

M. Marbeau (de Paris) rappelle que l'article 5 du règlement porte que les crèches doivent être visitées tous les jours par le médecin. Toutes les crèches sont pourvues d'un service médical, mais le règlement est mal observé. Il faudrait se conformer plus exactement à ces prescriptions. L'orateur pense qu'il serait avantageux d'annexer aux écoles des crèches où les mères pourraient laisser leurs enfants en garde et où les jeunes filles apprendraient à soigner les enfants.

M. Napias a aussi trouvé des imperfections au fonctionnement des crèches qui sont cependant une œuvre remarquable. Il voudrait que le médecin des crèches fût en même temps un hygiéniste, qui s'assurerait de la salubrité du lieu où on conserve le lait, de la pureté de l'eau avec laquelle on le coupe. Il serait avantageux de faire bouillir les vases renfermant le lait dans une autoclave et de les fermer ensuite avec une pince à pression continue maintenant une obturation stricte. Il faudrait éviter aussi la promiscuité des objets de toilette, honteuse dans certaines crèches. Les crèches annexées aux écoles seraient une bonne chose. Car les jeunes filles y puiseraient des idées saines sur la manière d'élever les enfants, et les appliqueraient chez elles quand elles seraient devenues mères.

M. Pamard (d'Avignon) souhaite de voir le cadre de la loi Roussel s'élargir.

L'élément médical devrait avoir une prédominance absolue; il voudrait que l'on demandât au comité départemental une action plus énergique, que l'on surveillât le recrutement de ses membres et lui donnât le droit d'en présenter quatre; le recrutement des commissions locales doit être surveillé : ces commissions n'ont pas assez d'initiative; les médecins inspecteurs devraient être autorisés à se réunir une fois par an, et dans les pays où les agglomérations humaines sont peu unies, le médecin devrait pouvoir convoquer à la mairie les nourrices et les nourrissons pour les examiner.

M. Fleury constate que dans beaucoup de départements les comités ne font rien. La convocation des nourrices n'est pas une bonne mesure, car, prévenues, elles peuvent mieux soigner leur enfant ce jour-là ou lui en substituer un autre.

M. Pamard croit que c'est parce qu'ils ont constaté l'inanité de leur action que les comités départementaux ont cessé de se réunir. Il pense que la convocation des nourrices pourrait entretenir entre elles une certaine émulation.

M. Félix propose, pour diminuer la mortalité des enfants assistés, les conditions suivantes :

1° Les placer dans des communes rapprochées des centres pour rendre la surveillance plus facile; 2° mieux payer les nourrices; 3° abolir le biberon.

M. Jenot (de Dercy) lit les conclusions d'un long travail sur l'*inspection médicale des services de l'enfance*, qu'il a fait pour le ministère de l'intérieur ; les voici :

« Il est nécessaire de remettre en honneur l'allaitement maternel. On doit supprimer le biberon à tube, répandre partout les bienfaits de l'hygiène, assainir les habitations, livrer à la consommation une eau saine, poursuivre les falsifications des denrées alimentaires, réduire la durée du travail des enfants et des femmes et développer les forces de l'enfant ; appliquer les nouveaux règlements relatifs à la prophylaxie des maladies contagieuses ; supprimer l'alcoolisme ; surveiller les nourrices ; rendre la vaccination obligatoire ; charger un médecin plutôt qu'un administrateur de la surveillance de l'application de la loi Roussel. »

Les vœux de MM. Pamard, Lédé, Fleury, Jenot, etc., sont pris en considération.

L'ordre du jour appelle la discussion du rapport de MM. Landouzy et Napias sur la première question : *Mesures d'ordre législatif, administratif et médical, prises dans les divers pays pour la protection de la santé et de la vie de la première enfance.*

Les rapporteurs montrent les proportions effroyables de la mortalité infantile dans tous les pays : elle peut atteindre jusqu'à 34 p. 100; à Paris, la mortalité s'élève en moyenne à 10 000 enfants de 0 à 1 an et à 3 000 de 1 à 2 ans. Étudiée déjà en 1878, cette question doit être reprise. Le Questionnaire envoyé dans les différents pays par les rapporteurs a fourni des renseignements trop insuffisants pour qu'il fût possible de venir devant le Congrès avec des conclusions fermes : la mortalité varie de 90 à 340 p. 1 000; les causes de cette mortalité sont banales : alimentation défectueuse, emploi de biberon à tube, mauvaise hygiène générale, chaleur des saisons, illégitimité, insalubrité des habitations, malpropreté, alcoolisme. Une étude minutieuse et méthodique permettra seule d'établir les causes vraies de la mortalité infantile, de dégager les responsabilités et d'indiquer les mesures nécessaires.

« Dans tous les pays des hôpitaux d'enfants se créent, se modifient, se perfectionnent régulièrement quoique lentement; des crèches se fondent; des sociétés de charité maternelle se développent; il y a près de cent sociétés de ce genre en France; le nombre des crèches est beaucoup plus considérable; dans Paris et la banlieue seulement on en compte près de cinquante. Dans ces sociétés, en particulier, l'alimentation est encore souvent réglée empiriquement plutôt que scientifiquement, et il serait bon que les médecins fussent mis en situation de rappeler aux directrices des crèches et des sociétés maternelles combien les contacts et l'alimentation artificielle sont les moyens de propagation des affections contagieuses.

« Dans beaucoup de pays, soit en France, soit à l'étranger, les services de l'état civil remettent aux parents, au moment de chaque déclaration de naissance, une brochure contenant des conseils hygiéniques pour l'éducation de la première enfance. Cette pratique serait excellente si elle était générale et surtout si les familles consentaient à lire les brochures qu'on leur remet. Il nous paraît que les excellents conseils que donnent ces petits opuscules devraient être appris par cœur dans les écoles de filles; il resterait quelques saines notions dans l'esprit de la jeune femme et de la jeune mère.

« A Stockholm, à Berlin, on a réglementé la vente du lait.

Il est possible que cette règlementation ait de bons effets, mais ni M. Klas Linroth pour Stockholm, ni M. Wasserfuhr pour Berlin n'osent l'affirmer. A Paris, on a remarqué que les affections gastro-intestinales de la première enfance avaient diminué depuis qu'une surveillance active est exercée sur les falsifications du lait mis en vente. Ce qu'il faudrait pouvoir réglementer, ce serait peut-être de mettre le lait à l'abri de toute souillure, de le conserver et de l'administrer aux enfants ; — cela paraitra sans doute assez difficile. »

Les rapporteurs constatent ensuite l'insuffisance réelle des mesures d'ordre législatif, administratif et médical prises dans les divers pays pour la protection de la santé et de la vie de la première enfance ; ils demandent une enquête complète, scientifiquement conduite, et ils prient le Congrès d'en établir les bases après une discussion sur les propositions suivantes :

1° Il est nécessaire que dans tous les pays on adopte un mode uniforme pour la statistique de la mortalité des enfants du premier âge. Cette statistique devrait noter les enfants d'année en année depuis la naissance jusqu'à cinq ans.

2° L'enregistrement des décès des enfants ne devrait se faire qu'après une enquête rigoureuse portant sur les points suivants :

Nature de la maladie qui a occasionné la mort;

Date de la naissance ;

Mode d'élevage, nature du biberon employé, nature du lait;

Maladies transmissibles dont auraient pu être atteintes les personnes qui ont donné des soins aux enfants, ou les parents de l'enfant;

Salubrité du logement occupé par les parents ou les nourriciers.

3° Toute mesure légale, administrative ou privée qui facilitera l'allaitement maternel servira au mieux l'hygiène infantile. L'allaitement artificiel est, de tous les moyens de contagion, l'un des plus sûrs pour les maladies infectieuses (tuberculose); ce qui explique que l'élevage au sein *exclusif* donne aux enfants, toutes choses égales d'ailleurs, des chances de survie considérables.

4° Dans les cas où l'allaitement maternel serait reconnu impossible, il faut encourager le mode d'allaitement artificiel qui donnera le plus de garanties contre la transmission des germes morbides; imposer au besoin le choix d'un biberon et prendre toutes mesures pour assurer la non-contamination du lait.

5° Il convient que les notions d'hygiène infantile soient répandues partout, par tous les moyens possibles, dans les villes et dans les campagnes; qu'elles soient apprises aux filles dès l'école primaire, et il faudrait même, dans les grandes villes surtout, annexer aux écoles primaires des crèches où les jeunes filles, dans les deux dernières années de l'écolage, apprendraient *pratiquement* à soigner les enfants du premier âge.

6° Dans les villes industrielles, toute mesure prise pour diminuer la durée du travail de la femme à l'atelier ou à l'usine sera une mesure d'hygiène dont l'enfant bénéficiera nécessairement.

M. Marbeau, répondant à un passage du rapport, assure que partout les crèches ont été fondées avec le concours des médecins et que partout elles ont un service médical, quelquefois mal fait, il faut le reconnaître.

M. Napias reconnaît l'utilité des crèches, mais il les voudrait irréprochables; le médecin ne doit pas y faire des visites, mais il doit veiller à la stricte application des règlements d'hygiène : les derniers progrès de la science doivent être appliqués aux crèches.

M. Pippingskold (de Helsingfors, Finlande). — Dans le rapport, nous voyons que la différence de mortalité est considérable entre deux pays. En Suède la mortalité est très faible; cela tient à ce que la Suède a une population agricole, que l'alcoolisme y est peu connu, que les femmes y allaitent leurs enfants, et on a fait beaucoup pour subvenir aux besoins des filles-mères. En Suède le peuple est instruit; on a confiance au médecin et non aux empiriques.

La situation de la Norvège est encore plus belle, mais si la Finlande est moins favorisée, cela tient à la pénurie des médecins, au climat inclément et à une alimentation défectueuse.

M. Dumoulin (de Gand) voudrait que l'on ajoutât à la deuxième conclusion le degré de fortune des parents. La mortalité variant beaucoup des classes riches aux classes pauvres, il faudrait assister les mères indigentes avant, pendant et après leurs couches; il faudrait fonder une œuvre ayant l'existence légale, capable de recevoir des legs et des dons, pouvant enfin soutenir efficacement les pauvres. Dans bien des pays le travail des enfants est interdit : le salaire qu'ils apporteraient à la maison serait cependant un soulagement pour leurs parents.

M. Napias s'oppose à ce que l'on permette aux enfants de travailler à partir de dix ans.

M. Rouvier (de Beyrouth) croit que l'indifférence des populations joue un rôle plus grand que leur pauvreté dans la mortalité infantile. Il faut que les conditions hygiéniques des classes industrielles soient améliorées, et l'exemple des sociétés de Mulhouse est là pour prouver l'excellence de ce moyen.

M. Smith (de Londres). — Il faut absolument empêcher le travail des femmes et des enfants. On craint de priver la famille de ses ressources, c'est absolument faux ; si on les empêche de travailler, le taux des salaires s'élèvera suivant la loi de la demande et de l'offre, et l'homme gagnera beaucoup plus; ce n'est que parce que les enfants travaillent que les salaires sont diminués. On voit donc ici que l'hygiène et l'économie se touchent.

D'ailleurs, tout travail corporel chez un enfant de dix ans est mauvais; je ferai une exception pour le travail agricole.

M. Dumoulin n'a jamais eu la pensée de demander la liberté du travail pour les enfants de dix ans.

M. Janssens (de Bruxelles) demande que la statistique annuelle de un à cinq ans soit mensuelle de un mois à un an, et même hebdomadaire de zéro à un an.

M. Landouzy. — J'estime qu'il sera bien difficile d'obtenir tout cela; néanmoins, nous pouvons ajouter à la première conclusion : pour la première année, la statistique devra être faite de mois en mois, et pour le premier mois, il serait désirable que le mois fût décomposé en semaines.

La première conclusion du rapport, ainsi modifiée, est adoptée.

La séance est levée à 5 heures.

Section III. — *Séance du lundi 5 août (matin).*

La séance est ouverte à 9 heures : M. Nocard (Paris), *président.*

M. le Dr Petresco (de Bucarest) fait une communication *sur les maladies épidémiques et contagieuses dans l'armée roumaine.*

L'orateur présente les tableaux de morbidité et de mortalité par maladies infectieuses et épidémiques dans l'armée roumaine. Ces tableaux montrent que la fièvre typhoïde, la tuberculose, l'érysipèle, la dysenterie et les fièvres éruptives ont sévi d'une façon meurtrière dans l'armée roumaine de 1874 à 1883. A partir de cette date commence une ère nouvelle. La santé de l'armée s'est améliorée depuis le vote de la loi sur l'autonomie du service de santé militaire; aux médecins des corps de troupe on a joint les médecins en chef de division, de corps d'armée, des inspecteurs généraux de circonscription ; on a créé un conseil technique de santé auprès du ministère de la guerre, des conseils de santé auprès des commandants de corps d'armée ; on a fondé un laboratoire d'analyses chimiques et micro-biologiques pour l'armée. Les casernes ont été améliorées, rendues plus salubres et plus hygiéniques ; des puits ont été condamnés en grand nombre. L'eau de source a été amenée dans les casernes; les étuves à désinfection de MM. Geneste et Herscher ont été installées dans les grandes garnisons. Le résultat de toutes ces mesures d'assainissement a été exceptionnel : la fièvre typhoïde a presque disparu de l'armée roumaine : il n'y a eu qu'un cas cette année, et encore le soldat qui en a été atteint en avait-il pris le germe dans sa famille.

M. Petresco termine en faisant passer sous les yeux de l'auditoire le plan du nouvel hôpital militaire de Bucarest, hôpital idéal, qui contient 250 lits et n'a coûté que 2,500,000 francs.

M. Léon Colin (Paris) applaudit à cette communication; mais, sans vouloir contester en aucune façon la valeur des efforts tentés par M. Petresco et les résultats obtenus, il fait remarquer que le champ de ses expériences est encore un terrain vierge ; la tâche est plus facile quand il s'agit d'empêcher le mal d'apparaître que lorsqu'il faut le faire disparaître.

M. Sicard (de Béziers) lit un mémoire *sur les Recherches bactériologiques sur la variole avec applications à l'hygiène.*

M. Sicard s'est livré à de nombreuses recherches personnelles sur le contenu des boutons de variole aux quatre périodes de la maladie; sur le sang, la salive, le mucus bronchique et l'urine des varioleux; sur l'atmosphère des salles d'isolement des varioleux à l'hôpital de Béziers; sur l'atmosphère de la ville, à des points opposés, pendant l'épidémie; sur la poussière des murs, des salles de malades et sur l'eau renfermée dans ces salles.

Il a fait ses cultures sur des plaques de gélatine stérilisées; il a toujours obtenu des colonies blanc-grisâtre de cocci à centre excavé, à bords renflés. Les inoculations faites avec ces cultures à des lapins, à des poules, ont toujours été couronnées de succès. Ces animaux, au bout de six jours, avaient de l'hyperthermie, de l'inappétence, de la douleur au niveau de la région inoculée; au bout du neuvième jour ces symptômes avaient disparu, et l'orateur n'a jamais observé d'ombilication, mais des papules rougeâtres. Il propose donc, croyant qu'il a bien eu affaire au *micrococcus umbilicatus variolæ*, de désinfecter les vêtements, linges, vases, eau, pièces ayant servi aux malades, leurs déjections, ainsi que l'eau contenue dans des vases ayant séjourné dans leurs chambres, au moyen de l'acide sulfureux ou du chlorure de zinc. Les vêtements et linges pourraient être stérilisés par immersion dans l'eau bouillante.

M. Nocard (Paris) regrette que M. Sicard n'ait pas tenté la seule inoculation qui eût été absolument concluante, celle du veau, le seul animal susceptible de prendre la variole.

M. Laugier (de Paris) lit une note *sur les Maladies aiguës et épidémiques observées à la maison de Nanterre.*

M. Laugier ne donne pas une statistique détaillée des maladies qu'il a observées à Nanterre depuis onze mois; il fait seulement remarquer que leur nombre s'est élevé à 1 226, parmi lesquelles 9 cas de fièvre typhoïde, dont 4 mortels, et 6 cas de variole. La fièvre typhoïde a frappé des individus qui étaient depuis plusieurs mois dans l'établissement; M. Laugier attribue cette épidémie à l'eau de Seine, insuffisamment épurée, qui sert à l'alimentation; il croit que si l'on recevait, à la maison, de l'eau des puits artésiens et si l'on pratiquait des revaccinations, on pourrait éviter à l'avenir le retour de faits pareils.

M. Leroy des Barres (de Saint-Denis) fait observer que la ville de Saint-Denis, quoique traversée par la Seine en aval de Paris et de Gennevilliers, présente peu de cas de fièvre typhoïde. Ceci est dû à ce que la ville est pourvue d'eau de source; il n'y a que dans les casernes où on boive de l'eau de Seine, et les cas de fièvre typhoïde y sont fréquents. Il y a eu, il y a quelque temps, un foyer de variole à Saint-Denis; elle n'a pas sévi dans la maison de la Légion d'honneur, quoique ayant éclaté dans le voisinage. Mais, dans cette maison, les revaccinations sont faites avec soin; on n'y boit que de l'eau de puits artésien.

M. Crocq (de Bruxelles) constate qu'il n'est pas toujours facile d'enrayer la fièvre typhoïde, mais on peut enrayer la variole, maladie plus grave. Il rappelle le fonctionnement de l'institut vaccinal de Bruxelles, situé près de l'école vétérinaire : il y a toujours des génisses inoculées, et tout médecin qui en fait la demande reçoit gratuitement du vaccin. Il souhaite que l'on crée en France un institut semblable.

M. Netter (Paris) pense qu'on peut trouver, dans la présence des chiffons triés à la prison de Nanterre, la porte d'entrée de la variole.

M. Nocard demande si l'eau servant à l'alimentation est filtrée, et quels sont les procédés employés pour le filtrage.

M. Laugier répond que les procédés sont insuffisants.

M. Angel Gavino (de Mexico), pour montrer l'influence que l'eau peut exercer sur la morbidité, raconte ce qui se passe à la Vera-Cruz. Autrefois l'eau qu'on y buvait était polluée par les égouts; peu d'étrangers échappaient à la fièvre jaune; depuis que l'on a amené de l'eau de source, qu'on l'a distribuée dans les maisons, la fièvre jaune a disparu. Certainement la substitution d'une eau pure à une eau impure n'est pas étrangère à une amélioration qui dure depuis trois ans.

M. Lardier (de Rambervillers) rappelle que dans certains villages des Vosges, où la fièvre typhoïde était endémique, elle a complètement disparu depuis que l'on a remplacé l'eau de puits par l'eau de source.

M. Nocard résume la discussion en disant que la section est unanime à reconnaître le grand rôle joué par l'eau potable dans la propagation des maladies épidémiques.

M. Deprèz (de Saint-Quentin) fait une communication *sur l'application du chloroforme aux affections épidémiques et contagieuses, et en particulier au choléra.*

Il a employé depuis 1867 le chloroforme dilué contre le choléra; il observe une diminution des spasmes et la disparition des vomissements, et ce traitement a donné d'excellents résultats, non seulement entre ses mains, mais entre les mains de collègues français et étrangers. Cette action lui paraît s'expliquer par les effets antifermentescibles de l'eau chloroformée, joints à ses propriétés calmantes et anesthésiques.

M. Hauser (de Madrid) lit un travail *sur la Diphtérie à Madrid.*

M. Hauser donne la statistique effrayante de la progression des cas de diphtérie. De 242 en 1880, leur nombre a atteint 1027 en 1883, 1403 en 1886, 1202 en 1888. En 1885 la mortalité par diphtérie a été de 40 p. 100 de la mortalité générale. Les travaux d'assainissement entrepris à Madrid n'ont pas paru exercer une influence considérable sur la fréquence de cette maladie : la propagation ne paraît pas se faire par l'eau, mais par le sol; il est fréquent de voir des épidémies de maison, et quand une maison a été infectée on peut voir de nouveaux cas surgir quelques années après. M. Hauser pense qu'une épidémie de diphtérie ne fait pas son évolution en quelques mois, comme la fièvre typhoïde, mais en six, huit et même dix ans.

M. Lardier (de Rambervillers) lit une note *sur la Prophylaxie des maladies épidémiques.*

L'orateur montre de quelle façon se fait la transmission des maladies épidémiques à la campagne, comment elles sont apportées d'un village à l'autre et quelle influence la facilité actuelle des communications exerce sur la diffusion de ces maladies. Pour se mettre en garde contre de tels accidents, l'administration préfectorale des Vosges a organisé un système d'informations centralisées à la préfecture, envoyées aux médecins, et les prévenant de la marche de la maladie. Il serait à désirer que ce système fût généralisé en France et annexé au *Journal officiel.*

M. Lardier voudrait aussi qu'on procédât à la désinfection des nomades, bohémiens, bateleurs qui parcourent les campagnes, comme on pratique la désinfection des animaux entrant en France.

M. Drouineau (de Bordeaux) fait observer que la déclaration des maladies épidémiques n'est pas obligatoire pour le moment.

M. Nocard. — Je crois être l'interprète de tous les membres de la section en appuyant le vœu de M. Lardier; en demandant la publication d'un bulletin sanitaire analogue à celui que publient les vétérinaires; seulement, il faudrait tout d'abord rendre obligatoire la déclaration des maladies contagieuses, et, comme on me le fait remarquer, ce n'est pas là encore un point acquis.

M. Alméras (de Menton) présente une communication *sur l'antisepsie préventive de la tuberculose à Menton.*

Il y a quelques années, plusieurs médecins éminents, et en particulier M. Debove, attirèrent l'attention sur les dangers que pouvaient présenter au point de vue de la contagion les locaux habités par les tuberculeux. La Société médicale de Menton, reconnaissant la justesse de ces remarques, s'est occupée de cette grave question et a proposé les mesures suivantes : établissement dans chaque ville d'une étuve à désinfection, pour les draps, la literie, les rideaux, etc. ; après chaque décès, désinfection complète des locaux par les moyens ordinaires, assainissement de tous les appartements pendant la saison d'été. Chaque maître d'hôtel recevrait d'ailleurs un certificat constatant que les mesures d'assainissement ont été exécutées chez lui ; ce serait une excellente garantie pour tous les hivernants qui devront exiger, avant de s'installer dans un hôtel ou une maison meublée, ou une villa, la représentation de ce certificat.

La section s'associe à ces vœux, et la séance est levée à 11 heures un quart.

Séance du soir. — La séance est ouverte à 2 heures sous la présidence de M. le professeur Cornil.

M. Richard, professeur agrégé au Val-de-Grâce, donne lecture du rapport dont il a été chargé avec M. le professeur Grancher, *sur l'action du sol sur les germes pathogènes.* (Question IV.)

Après avoir rappelé que le sol est le grand réceptacle des microbes pathogènes provenant des crachats, des excréments, des urines, des matières vomies, les rapporteurs montrent quel grand intérêt il y a à connaître l'action du sol sur ces germes. La question est loin d'être élucidée, malheureusement. Le vibrion septique, le bacille du tétanos sont des habitants ordinaires du sol. Le bacille du charbon, celui du choléra, de la tuberculose, de la fièvre typhoïde ne s'y montrent qu'accidentellement.

Déposés à la surface du sol, ils sont entraînés par les eaux vers la profondeur, leur progression est fonction de la perméabilité du terrain; mais, quelle que soit la nature du terrain, les pores de la surface finissent toujours peu à peu par se colmater, de sorte que, si les couches superficielles sont très riches en bactéries, à partir d'un mètre, celles-ci deviennent déjà très rares. Il est difficile de dire combien de temps peuvent vivre les bactéries déposées dans le sol, et de savoir si elles s'y multiplient. Frænkel a fait, à ce propos, des expériences très intéressantes en plaçant à des profondeurs variables des tubes ensemencés avec des bacilles typhiques, cholériques et charbonneux. Il est très probable que les conditions de milieu, humidité et constitution du terrain, jouent là encore un très grand rôle.

Heureusement que les bacilles déposées dans le sol rencontrent beaucoup de causes de mort; la dessiccation, la lutte que leur font les saprophytes, la lumière, sont autant de facteurs qui tuent les bacilles ou atténuent leur virulence.

Le bouleversement des terrains, des terrains vierges surtout, paraît activer la pullulation des bacilles; si l'on en peut juger par ces épidémies diverses, observées à la suite des travaux de terrassement, la culture intensive amène leur disparition. Les voies par lesquelles les germes pathogènes peuvent quitter le sol et infecter l'homme et les animaux sont multiples. L'homme et les animaux sont des agents actifs de dissémination; ils transportent dans les maisons de la terre infectée. Les insectes transportent ces germes, les vers peuvent les ramener de la profondeur du sol à la surface. Les microbes peuvent adhérer aux produits végétaux, mais on ne les rencontre jamais dans l'intérieur de leurs tissus. L'air dissémine surtout ceux qui résistent à la dessiccation. La diffusion semble se faire sur une grande échelle par les eaux de surface, et tout particulièrement aux périodes d'inondation; quant à la nappe d'eau souterraine, une couche continue de 2 à 3 mètres de sol perméable et homogène suffit pour la protéger.

Les rapporteurs résument leur travail dans les conclusions suivantes :

Les germes pathogènes déposés sur le sol sont surtout cantonnés dans les couches les plus superficielles : à la faible profondeur de $0^{m},50$ à 1 mètre, on n'en trouve plus que très peu.

Les germes pathogènes se multiplient difficilement dans le sol, mais peuvent s'y conserver longtemps à l'état de spores.

Les germes pathogènes du sol sont détruits par la concurrence des saprophytes; ceux de la surface le sont surtout par l'action de la lumière solaire; celle-ci doit être considérée comme un puissant agent d'assainissement.

La culture intensive qui ramène successivement à la surface les germes de la profondeur est le meilleur procédé pour détruire les germes pathogènes du sol.

Les bouleversements de terrain mettent en circulation une grande quantité de germes pathogènes.

Une couche continue de 2 à 3 mètres de terre suffit en général pour protéger la nappe souterraine contre l'apport de germes pathogènes.

M. VALLIN (de Lyon) est frappé de l'antagonisme qui semble exister entre ce qui se voit dans la pratique journalière et les résultats expérimentaux. Que de maladies tétaniques n'aurait-on pas si tout se passait en clinique comme au laboratoire, et si une parcelle de terre, souillant une plaie, suffisait à inoculer le tétanos? D'autre part, si la lumière et la dessiccation détruisent les germes pathogènes, pourquoi les couches superficielles du sol en contiennent-elles le plus ?

M. RICHARD. — La différence n'est qu'apparente ; on retrouve le même fait quand on provoque la tuberculose expérimentale. Il y a souvent de ces surprises en bactériologie ; nous ne savons pas quelle est la réceptivité de l'homme pour le tétanos. D'autre part, la dessiccation atteint les bacilles et respecte les spores qui peuvent longtemps résister dans les mottes de terre.

M. CORNIL (de Paris) fait observer que les cas de septicémie gangréneuse, à la suite de fractures comminutives avec pénétration de terre dans la plaie, ne sont pas rares.

M. CROCQ (de Bruxelles) conserve quelques doutes sur la virulence de la terre végétale et de sa part dans la genèse du tétanos. Il cite un cas type de tétanos, après une plaie contuse, sans érosion de la peau.

M. NOCARD dit qu'on ne peut tout expliquer et que les cas négatifs ne signifient rien ; les faits positifs seuls ont de la valeur, et on tétanise aujourd'hui à volonté par inoculation dans le tissu conjonctif. Répondant à M. Vallin, M. Nocard constate que le microbe du tétanos est anaérobie et ne prospère pas au contact de l'air.

M. LEROY DES BARRES pense que certains cas de tétanos considéré comme spontané peuvent s'expliquer autrement aujourd'hui.

M. DRYSDALE (de Londres) se demande si certaines substances toxiques, solubles dans la terre, ne pourraient déterminer le tétanos.

M. ANGEL GAVINO est d'avis que certaines conditions particulières permettent aux microorganismes de se développer plus facilement. C'est ainsi que dans les lieux chauds, bas et humides de la côte de la mer du Mexique, il suffit de la moindre écorchure pour produire le tétanos.

M. Cornil. — Somme toute, il y a aujourd'hui quelques points acquis concernant l'étiologie du tétanos, mais il reste encore bien des obscurités. Le microbe de Nicolaïer lui-même est-il bien le microbe du tétanos? Je n'oserais pas l'affirmer. M. Chantemesse l'a cultivé à l'état de pureté, et jusqu'ici les produits de ces cultures restent absolument inoffensifs. Il ne paraît pas douteux que la terre donne le tétanos, mais nous ne connaissons pas encore l'agent pathogène. S'agirait-il par hasard, comme le fait remarquer M. Crocq, d'un agent chimique, quelque chose d'analogue à la tétanine isolée par Brieger? La chose est encore possible.

M. van den Corput (de Bruxelles). — Je reviens à l'action du sol sur les germes pathogènes ; j'admets le rôle destructeur des couches superficielles de la terre et je reconnais toute l'utilité des systèmes d'épandage là où on peut les établir ; cependant la chose n'est pas toujours possible, ce qui est le cas pour Bruxelles, par exemple. D'autre part, il est des circonstances où ces germes peuvent se conserver et devenir nocifs ; c'est pourquoi, en Belgique, nous recommandons de procéder à la destruction par le feu de toutes les déjections d'individus atteints de maladies contagieuses.

M. Richard. — La crémation est certainement un excellent moyen de destruction des germes pathogènes; mais c'est un moyen local. Il vaut mieux canaliser et créer des terrains d'irrigation pour transporter rapidement au loin les germes pathogènes et les détruire sous l'influence de la lumière sur les surfaces d'irrigation.

M. Crocq préfère la méthode préconisée par M. van den Corput. L'irrigation n'est pas possible partout ; il faut des terrains à perméabilité et à déclivité particulières ; de plus, la dépense est considérable.

M. Drysdale. — Le tout à l'égout est le plus sûr moyen d'éviter les contagions, mais il est certain qu'on ne peut toujours l'employer dans les petites villes.

M. Richard s'élève contre cette idée. L'irrigation est surtout utile à la campagne, et, comparée aux égouts, elle ne coûte presque rien. La terre ne conserve les germes pathogènes qu'à la profondeur.

M. Thibault (de Lille). — Pour ma part, je crois que l'épandage est le moyen d'assainissement de l'avenir ; ce qui se passe aux environs de Lille et dans la plupart des villes d'Angleterre, où la fièvre typhoïde est chose rare, a fini par me convaincre complètement.

M. Chantemesse. — Je pense que deux sûretés valant mieux

qu'une, rien n'empêcherait de désinfecter les déjections des malades par un moyen pratique et peu coûteux, comme l'eau de chaux par exemple, et de les envoyer ensuite à l'égout et au champ d'épandage.

M. Cornil se range à cet avis ; les moyens dont nous disposons actuellement sont insuffisants, les locaux impratiques et impraticables ; la canalisation avec épuration par irrigation n'a pas atteint des proportions assez étendues, mais les nouveaux terrains d'Achères, mis par les Chambres à la disposition de la ville de Paris, ne tarderont pas à rendre de grands services.

La section, sur la proposition de M. Vallin, *vote des remerciements à M. le professeur Cornil pour son intervention dans le vote de la loi sur les égouts.*

M. Drysdale, pour montrer combien les résultats de l'épandage sont satisfaisants en Angleterre, lit, au nom de M. Carpenter, un mémoire sur l'utilisation des eaux d'égout sur la terre, et notamment à la ferme de Croydon, où, depuis trente ans, la mortalité ne dépasse pas 13 pour 1,000.

M. Wurtz (de Paris) lit en son nom et au nom de M. Mosny (de Paris) une communication *sur l'influence qu'exercent les variations de la nappe souterraine sur la vitalité et le transport du bacille typhique dans le sol.* Ils sont arrivés aux conclusions suivantes : 1° le bacille typhique, épandu à la surface du sol, ne pénètre pas à plus de 50 à 60 centimètres de profondeur ; 2° le bacille typhique meurt dans la terre végétale en moins de trois jours quand la nappe d'eau souterraine arrive au contact de ce bacille après avoir traversé *progressivement* les couches inférieures et qu'elle séjourne deux ou trois jours à 50 centimètres de la croûte ; 3° l'emploi de la terre végétale, de l'humus riche en saprophytes, semblerait préférable au sable ou à toute autre matière épuratrice en ce qui concerne la prophylaxie de la fièvre typhoïde.

M. le Président demande à la section si elle veut émettre un vote sur les conclusions du rapport. MM. Grancher et Crocq s'opposent à toute espèce de vote. Les conclusions qui résument l'état de la science sur ce sujet ne leur paraissent pas assez rigoureusement scientifiques pour pouvoir être définitivement adoptées.

Certains membres de la section et principalement M. Henrot (de Reims), insistant sur la nécessité de donner aux municipalités une formule sur laquelle elles puissent s'appuyer pour mener à bien leurs travaux d'assainissement, la dernière conclusion du rapport est modifiée ainsi :

La *filtration à travers une couche continue de sol perméable et ho-*

mogène de 2 à 3 mètres de profondeur suffit pour protéger la nappe souterraine contre l'apport des germes pathogènes.

Cette conclusion est votée à l'unanimité. M. le président félicite et remercie MM. les rapporteurs, au nom de la section, de la clarté, de la précision et de la rigueur scientifique de leur rapport et lève la séance à 5 heures.

Section V. — *Séance du matin.* — *Président*, M. Arnould (de Lille). — *Vice-Président*, M. Catelan (d'Alexandrie).

La séance est ouverte à 9 heures.

M. Vignard (de Paris) lit un long mémoire *sur la Publicité des actes des administrations sanitaires.*

Il demande qu'une large publicité soit donnée aux actes de l'administration sanitaire des ports; il croit que l'argent qu'on dépense autrement aujourd'hui suffirait amplement à couvrir cette dépense. Le recueil de ces actes serait à la fois instructif et intéressant; sa publication paraîtrait tous les mois. Il termine en demandant la suppression des quarantaines.

M. Cabello (Madrid) désire que cette publicité ne soit pas restreinte aux villes maritimes, mais étendue à tout le pays.

M. Drouineau trouve aussi cette publicité trop restreinte et demande qu'elle soit généralisée.

M. Pacchiotti (Turin). — Tout le monde doit connaître l'état sanitaire de son pays. En Italie, un bureau public des statistiques sur l'hygiène, la démographie, etc.; il en est de même en Espagne.

M. Vignard revient à la suppression des lazarets de quarantaines; la séquestration dans les lazarets est le plus souvent inutile, et ces endroits sont parfois insalubres.

M. Arnould (de Lille). — Il est certain que le Congrès s'associe aux idées de M. Vignard sur la publicité la plus large à donner aux mesures sanitaires.

Les conclusions de M. Vignard sont adoptées.

M. Séné (de Pauillac) lit une communication sur les *Médecins sanitaires embarqués.*

Il est de toute nécessité que la nation soit renseignée très exactement sur l'état sanitaire des pays avec lesquels elle est en relations. Que se passe-t-il ordinairement quand des épidémies sévissent sur la population ? Elles ne sont déclarées que longtemps après qu'elles ont éclaté.

Les médecins des navires n'ont pas assez d'indépendance ; ils sont trop soumis à l'autorité des capitaines. Les Compagnies recrutent leur personnel médical parmi les officiers de santé qui n'ont pas une autorité suffisante ; souvent même ce sont des étudiants en médecine sur lesquels elles peuvent exercer trop facilement une pression énergique. Dans de pareilles conditions, le médedin se trouve placé entre son devoir et son intérêt et c'est souvent ce dernier qui l'emporte. Il en résulte que la plupart du temps les autorités n'ont que des renseignements très insuffisants sur la santé à bord des navires ; souvent même ces renseignements sont faux, car c'est l'intérêt qui les dicte.

Les médecins devraient être commissionnés par l'État après examen ; aujourd'hui, ils sont à la merci des Compagnies, qui ne craignent pas d'abuser de situations souvent précaires.

L'orateur sait bien qu'on a déjà proposé de faire nommer les médecins par les pouvoirs publics, mais les armateurs s'y sont opposés sous prétexte qu'il ne pouvait y avoir deux autorités à bord et que le capitaine ne pouvait être soumis au contrôle du médecin. Il insiste sur les mesures de désinfection à prendre pendant la traversée et dépose les conclusions suivantes :

« 1° Émettre le vœu que les propositions adoptées par la conférence de Rome soient suivies d'une convention internationale ;

« 2° Qu'en attendant, chaque nation fasse, dans le sens indiqué plus haut, tout ce qui est possible pour atteindre le but cherché et diminuer les entraves apportées au commerce en nommant les médecins embarqués des Compagnies subventionnées qui relèveraient directement de l'État et ne pourraient être révoqués que par lui. »

M. Treille (député de Constantine) croit qu'il est difficile de voter ces conclusions. Le recrutement des médecins de marine de commerce se fait difficilement pour les lignes inférieures. Les candidats manquent là comme pour la marine de l'État. Le médecin, à bord, est forcément subordonné au capitaine; si on le veut indépendant, on ouvre la source des conflits entre médecin et capitaine. Le contrôle devrait être plus sévère à bord. Le médecin, par négligence ou par complicité, laisse souvent passer inaperçus des décès dont il ne rend pas compte. M. Treille est d'avis d'augmenter les appointements des médecins et de leur assurer une retraite, pour faciliter leur recrutement.

M. Proust (de Paris) est partisan de la suppression des quarantaines, mais il voudrait que chaque navire fût pourvu d'un appareil désinfectant. Ce sont surtout les navires venant des pays à choléra et à fièvre jaune qui devraient être pourvus de ces appareils. Au lazaret du Frioul, où les désinfectants sont employés, on n'a pas eu une seule quarantaine à faire observer depuis dix-huit mois. Il est très partisan des propositions de M. Sené, mais il ne les croit pas pratiques.

M. Drouineau partage entièrement l'opinion de M. Proust.

M. Treille voudrait que le Congrès émette le vœu qu'un contrôle sévère soit exercé par l'État à bord des navires des compagnies, et il propose de compléter les autres propositions par le vœu suivant :

Le Congrès émet le vœu que, lors de l'établissement du cahier des charges pour les compagnies subventionnées, une clause y soit introduite permettant à l'État un contrôle sérieux et efficace sur le service médical et hygiénique du bord.

Ce vœu est adopté par la section.

M. Sidky-Bey (du Caire) donne en quelques mots un aperçu de l'*organisation sanitaire en Égypte.*

Les villes maritimes sont soumises à des règlements très sérieux : il existe aussi une administration de l'hygiène intérieure à la tête de laquelle se trouve un comité consultatif d'hygiène chargé de la santé publique. Ce comité, fortement organisé, fonctionne au mieux des intérêts de la population.

M. Mahé (de Constantinople) présente un volumineux mémoire *sur la Peste bubonique.*

L'heure avancée force l'honorable orateur à ne soumettre à la section que les conclusions de son travail. L'épidémie de peste qui sévit en ce moment dans l'Assir, sur le littoral de la mer Rouge, donne à ces conclusions un intérêt pressant :

1° La peste est allée en diminuant, en Europe, depuis le commencement du dix-huitième siècle et en est presque entièrement disparue.

Dans la plupart des pays, la peste est en grande diminution ; cependant, la peste bubonique règne encore en Afrique et en Arabie. Dans le pays des Turcomans et en Indo-Chine on trouve les plus grands foyers de peste, qui se manifestent d'une manière à peu près périodique.

2° La peste des cinquante dernières années est la même que celle des autres siècles. Elle est tantôt foudroyante, tantôt sa marche est moins rapide et affecte parfois le type hémorrhagique et la forme bubonique. Cependant, les manifestations modernes sont atténuées, quoique de même nature.

3° L'étude de la peste est très incomplète ; elle est entièrement à refaire. Je désirerais que l'on prît de sérieuses mesures prophylactiques et de désinfection.

4° Les principales conditions qui favorisent la peste sont la sécheresse et la misère ; la nature géologique et physique du sol paraît être sans grande influence. L'automne et le printemps sont les saisons de prédilection ; par contre, les hautes températures semblent en arrêter le développement. La peste n'existe pas sous les tropiques. La propagation de la peste se fait rarement à grande distance.

5° Le meilleur moyen prophylactique conseillé et mis en pratique consiste à fuir le pays infecté.

Je propose, en conséquence, d'employer les mesures extrêmes : faire abandonner les villes où la peste a sévi ; faire brûler les maisons et tous les objets ayant appartenu aux pestiférés.

Ces conclusions sont adoptées par la section.

M. Treille désirerait que le Congrès, pour faire avancer l'état de la science, émît un vœu signalant aux gouvernements la grande utilité qu'il y aurait à faire faire des recherches rapides au point de vue bactériologique. Ces recherches sont d'une très grande importance pour permettre aux hygiénistes d'agir en conséquence. Les gouvernements devraient envoyer des missions dans les pays infectés. Les hommes, il est certain, ne manqueront jamais, car dans la science on trouve toujours de nombreux dévouements. L'Allemagne l'a montré en envoyant M. Koch dans les Indes; la France l'a prouvé aussi en envoyant une mission en Égypte, en plein foyer cholérique, où l'un de nos jeunes savants a trouvé la mort. Je suis certain que le gouvernement français votera comme toujours des subsides nécessaires.

M. Proust. — Je me suis préoccupé de cette question, qui ne tardera pas à recevoir une solution. Mais, en ce moment, l'Assir est en pleine révolution, et nous sommes forcés d'attendre que la peste se soit propagée à des régions voisines pour organiser une mission scientifique pour laquelle des crédits sont déjà trouvés.

Le vœu de M. Treille est adopté et la séance est levée.

Séance du soir. — La séance est ouverte à 2 heures sous la présidence de M. Sidky-Bey (du Caire).

L'ordre du jour porte la discussion du rapport de M. Proust *sur l'assainissement des ports* (6e question).

M. Proust donne lecture de son rapport : l'assainissement des ports est une des questions les plus importantes de l'hygiène; il s'impose plus que celui d'une ville quelconque; les habitants des ports sont plus exposés à la contagion des germes morbides; ils doivent suivre, par conséquent, d'une façon plus rigoureuse toutes les règles de l'hygiène. Sans doute, les mesures d'assainissement et de désinfection prescrites au départ et pendant la traversée ont eu pour but de rendre inoffensifs les navires et les passagers provenant de pays contaminés; mais une faute est toujours possible; il faut donc rendre le terrain réfractaire à la pénétration et à l'éclosion des germes pathogènes.

Dans un port, il faut considérer la ville et le port proprement dit; l'assainissement de la ville est soumis aux mêmes règles que celui de toutes les villes en général; pour ce qui concerne les ports, il faut distinguer ceux qui sont placés sur le bord des *mers à marées*, et ceux qui sont sur les *mers sans reflux*.

Au lieu de présenter sur ce sujet des considérations générales, le rapporteur estime qu'il est plus pratique de prendre des exemples, et ne pouvant parler de tous les ports insalubres, il parle de Marseille et de Toulon où pendant longtemps on a paru ignorer les préceptes les plus élémentaires de l'hygiène.

L'eau potable, en quantité insuffisante, y était encore polluée; les fosses d'aisance inconnues ou tout à fait primitives, le réseau d'égouts incomplet et déversant dans le port lui-même, qui devenait par là même une sorte de cloaque, toutes les matières organiques et toutes les déjections déposées d'abord le long des ruisseaux, et entraînées plus tard jusqu'à l'égout.

Pour Marseille l'assainissement est commencé; cette ville reçoit dès maintenant une quantité d'eau potable à l'abri de toute souillure; reste la question de l'évacuation loin du port des matières impures et des eaux usées de la vie et de l'industrie; plusieurs projets sont en présence; espérons que la période d'exécution ne se fera pas trop attendre.

A Toulon tout est à faire; là il faudrait établir d'abord le tout à l'égout avec abondante distribution d'eau. La disposition de la ville permettrait la création d'un réseau complet d'égouts qui viendrait aboutir à l'est de la ville sur la côte du cap Brun; outre cela, il serait nécessaire de percer quelques larges voies dans les vieux quartiers et de faire pénétrer l'air et la lumière dans ces rues aujourd'hui étroites et malsaines.

Outre la question de salubrité, il y a dans l'assainissement des ports une question d'intérêt commercial, car c'est seulement lorsque les ports présenteront un terrain réfractaire à la pénétration des germes morbides exotiques que l'on pourra supprimer complètement les dernières entraves quarantenaires.

On a insisté déjà, dit le rapporteur, sur la nécessité d'empêcher l'entrée des germes exotiques; permettez-moi, messieurs, de revenir encore sur cette question. Non seulement il faut que les ports français soient assainis, mais aussi les ports étrangers, et surtout ceux des pays d'où nous viennent le choléra, la fièvre jaune, etc. ; tous les pouvoirs doivent faire leurs efforts dans ce sens. Il faut avant tout faire une distinction entre l'assainissement du port et l'assainissement de la ville. Cette distinction est souvent difficile, mais elle s'impose. La première condition est que la ville soit bien assainie ; il est indispensable qu'elle évacue le plus rapidement possible les matières avant qu'elles fermentent, et cette évacuation ne doit pas se faire dans le port. Le port sera assaini par suite de l'assainissement de la ville. La question principale est de pouvoir évacuer les matières en dehors du port.

L'éminent rapporteur termine en déposant les conclusions suivantes :

Il est du devoir strict des gouvernements et des municipalités d'assainir les ports.

L'assainissement des ports s'impose plus encore que l'assainissement d'une ville quelconque.

C'est seulement lorsque les ports seront assainis que l'on verra diminuer dans une proportion considérable la mortalité par maladies infectieuses.

C'est seulement alors que les ports présentant un terrain réfractaire à la pénétration des germes morbides exotiques, on pourra supprimer complètement les dernières entraves quarantenaires.

M. Catelan (d'Alexandrie) étend la question : il veut surtout qu'on assainisse Alexandrie et les ports de l'extrême Orient, qui sont le point de départ de nombreuses épidémies de peste et de choléra ; les conditions hygiéniques de ces ports sont déplorables, et il n'y a pas d'argent pour les améliorer.

M. Drouineau précise : il reconnaît dans les ports trois facteurs qui souvent sont en conflit : l'État, la chambre de commerce et la municipalité. La chambre de commerce et l'État doivent assainir le port. La municipalité ne doit s'occuper que de la ville.

M. Proust appuie la proposition de M. Catelan ; un congrès international doit s'occuper de tous les ports, et il faut empêcher un navire contaminé d'apporter une maladie épidémique en Europe. Il est d'accord avec M. Drouineau sur le partage des responsabilités dans l'assainissement des ports entre l'État et la chambre de commerce, à l'exclusion de la municipalité.

M. DE MONTRICHER (de Marseille) abonde dans le sens de M. Proust; il rend compte des travaux d'assainissement exécutés à Marseille.

MM. RABOT (de Versailles) et RACHET (de Honfleur) signalent le déplorable état de certains ports de la Manche, Honfleur entre autres. Ils demandent la création de conseils d'hygiène et que le Congrès invitât le gouvernement à prendre des mesures efficaces.

M. MONOD (Paris) estime que chaque ville doit nommer elle-même sa commission d'hygiène.

M. TREILLE veut envisager, comme M. Proust, la question à un point de vue général. Les villes ont trop de tendance à s'adresser à l'État; elles doivent prendre elles-mêmes en mains la direction de leur port, au point de vue de l'hygiène. Cependant, il serait important de pouvoir déterminer ce qui peut incomber aux chambres de commerce, aux municipalités et à l'État. Il demande à ajouter une conclusion réclamant l'assainissement des arrivages, si ces arrivages doivent être nuisibles, notamment pour les arrivages d'os, de cornes, de chiffons. On a démontré les dangers de ces substances au point de vue du charbon. Les épidémies, soit de variole ou d'autres affections, qui infectent de temps en temps la ville de Marseille, lui arrivent du nord de l'Afrique où l'on ne pratique pas encore l'inoculation de la variole.

Il voudrait que dans chaque port il y eût des étuves de désinfection à l'action desquelles seraient soumis les principaux arrivages dont il parlait tantôt, et les chambres de commerce devraient veiller à l'assainissement des marchandises.

M. RABOT. — Je reviens à la question des conseils d'hygiène d'arrondissement. Je souhaiterais qu'on leur donnât des pouvoirs plus étendus. Je demande au Congrès d'émettre un vœu en ce sens et d'exprimer le désir que ces conseils d'hygiène aient un pouvoir délibératif.

M. A. SMITH (de Londres). — Il me semble que dans un Congrès international il est difficile de limiter les devoirs de chacun. En Angleterre, c'est l'État qui donne surtout le signal du progrès et parfois les municipalités sont réfractaires.

M. ARNOULD. — Je proteste incidemment contre cette affirmation, que certaines villes maritimes doivent déverser les eaux d'égout dans le port. Je me range à l'avis de M. Drouineau et j'estime que l'État étant le plus fort doit montrer l'exemple.

Mme A. TKATCHEF (de Russie) appuie la motion de M. Smith. En

Russie les municipalités se refusent souvent à entreprendre des travaux d'hygiène. Un Congrès scientifique doit surtout émettre des vœux et non pas donner des conseils.

M. Séné rappelle que certains arrivages sont soumis à des mesures de désinfection. Il a eu occasion de faire appliquer ces mesures à certains arrivages venant d'Algérie.

On doit surtout prendre des mesures contre certaines maladies, telles que la diphtérie, la rougeole, etc., et non pas se borner à la prophylaxie du choléra, de la fièvre jaune, etc.

M. Proust. — Je désire répondre quelques mots à M. Treille à propos des chiffons qui sont désinfectés à leur entrée en France. Malheureusement, dans la plupart des ports, on n'a que des étuves de désinfection tout à fait insuffisantes. Cette question des chiffons est très difficile, car il arrive aussi des chiffons par voie de terre. J'ai l'intention de faire installer pour la voie de terre ce qui existe déjà pour la voie de mer, et je suis heureux de pouvoir m'appuyer sur l'autorité du Congrès d'hygiène. Pour la variole, il faut absolument la vaccination et la revaccination obligatoires. Je m'appuie sur la statistique allemande, qui est très démonstrative. Depuis 1874, on ne constate plus en Allemagne que des cas très peu nombreux. C'est par cette loi, plutôt que par la désinfection des chiffons, que l'on arrivera à la suppression de la variole.

M. Treille insiste pour l'adoption de son vœu relatif à l'assainissement des arrivages.

M. Proust accepte en principe, mais il ne croit pas que dans un travail qui a pour titre *De l'assainissement des ports*, il puisse être question de la désinfection des arrivages.

La section, consultée, adopte sans les modifier les conclusions du rapport.

La séance est levée à 5 heures.

Mardi 6 aout.

Section II. — *Séance du matin.* — Présidence de M. Desguins (d'Anvers).

M. Albert Lévy (de Paris) fait une communication *sur l'analyse de l'air au point de vue de l'hygiène des villes.*

Il relate les travaux exécutés à l'observatoire de Montsouris, c'est-à-dire l'analyse quotidienne de l'air atmosphérique, des eaux météoriques, l'étude de l'eau de Seine, de l'eau de source, de l'eau d'égout avant et après son épandage sur les terrains d'irrigation.

M. Lévy prie le Congrès d'émettre un *vœu pour que des analyses analogues soient pratiquées dans le plus grand nombre de villes possibles.*

Ce vœu est adopté par la section.

M. Hudelo (de Paris) *lit une note tendant à la réforme de la loi du* 13 *avril* 1850 *sur les logements insalubres.*

La loi de 1850 est notoirement défectueuse ; on a déjà fait un certain nombre de tentatives pour la modifier ; mais ces tentatives ont jusqu'ici échoué. Nous émettons le vœu que toutes les communes soient dans l'obligation de nommer des commissions des logements insalubres, que les prescriptions de ces commissions soient rapidement rendues exécutives et débarrassées de toutes les entraves apportées par les lenteurs de la procédure actuelle. C'est dans ce sens que la commission des logements insalubres de la ville de Paris a rédigé un projet que je voudrais vous voir appuyer par un vote.

M. Jourdan (de Paris). — La réforme de la loi de 1850 s'impose, tout le monde est d'accord sur ce point ; mais je ne comprends pas cette réforme de la même façon que M. Hudelo. Je pense qu'il faut détacher le service des logements insalubres de l'administration municipale, qui, pour mille raisons, est souvent dans l'impossibilité d'agir énergiquement. Si l'on veut amener des résultats pratiques, il faut que ce service dépende de l'administration centrale. Il faut créer pour les logements insalubres quelque chose d'analogue à la police des constructions, des agents spéciaux, rétribués par l'Etat, comme les agents voyers, par exemple.

M. Mauriac (de Bordeaux). — Je ne pense pas qu'un service d'agents spéciaux ait jamais, dans ces questions d'insalubrité des logements, la compétence et l'indépendance nécessaires pour faire accepter facilement ses décisions au public ; c'est pourquoi je demande la conservation des commissions des logements insalubres, tout en étant d'avis que l'on charge l'autorité de faire exécuter leurs décisions.

Le vœu proposé par M. Hudelo est voté à une grande majorité, en même temps qu'un vœu formulé par M. *Du Mesnil, tendant à ce que le cubage d'air minimum exigé dans les loge-*

ments soit porté de 14 à 18 mètres cubes, sans préjudice des conditions d'aération.

La séance est levée.

Séance du soir. — La séance est ouverte à 2 heures sous la présidence de M. Henrot (de Reims).

L'ordre du jour appelle la discussion du rapport de MM. *Du Mesnil* et *Journet* (de Paris), *sur l'enlèvement et l'utilisation des détritus solides dans les villes et les campagnes* (2e Question).

« La propreté de l'habitation humaine, dont l'importance au point de vue de l'hygiène augmente dans une proportion considérable à mesure que les agglomérations urbaines se développent et que la vie se concentre de plus en plus sur certains points, présente aussi des difficultés rapidement croissantes et prend, à mesure que l'on s'éloigne de la vie à la campagne, l'importance d'un véritable problème chaque jour renouvelé. Elle intéresse au plus haut degré la santé publique et, à ce titre, il n'est pas étonnant que sa solution ait fait l'objet de l'étude de toutes les municipalités importantes.

« Les déchets de la vie peuvent se diviser en deux catégories : les matières fécales, dont nous n'avons pas à nous occuper en ce moment, et les résidus des maisons et de la rue, connus sous le nom de *boues urbaines*, *ordures ménagères* ou *gadoues*. »

La collecte de ces gadoues se fait de diverses façons : le système de la boîte à ordures paraît se répandre de plus en plus.

C'est incontestablement le système à recommander, en prescrivant que le récipient doit être en métal parfaitement propre et, si possible, désinfecté : c'est ce que nous recommandons. L'enlèvement est fait tantôt par les habitants eux-mêmes qui traitent avec des entrepreneurs municipaux, tantôt par la municipalité elle-même opérant en régie. Nous réclamons, au point de vue de l'hygiène, l'enlèvement journalier et matinal aussi rapide que possible.

Les rapporteurs décrivent minutieusement de quelle façon se font l'enlèvement et le balayage à Paris ; puis ils passent au transport à distance et à l'utilisation ou à la destruction des matières.

L'emploi des ordures ménagères en agriculture est le système le plus généralement employé, mais pour des raisons diverses, il arrive parfois, et il pourrait surtout arriver, qu'on ne pût trouver à les utiliser. Il y aurait lieu alors de recourir à leur transformation. C'est la soupape de sûreté qu'il est indispensable d'installer ou d'être prêt à installer. L'incinération pratiquée dans quelques villes anglaises coûte cher, même dans un pays qui renferme beaucoup de combustible. Peut-être pourrait-on diminuer le prix de transport en procédant au séchage ou au paquetage par compression (comme on le fait pour les fourrages). Les prix de transport seraient ainsi diminués, et l'évacuation rendue plus facile.

La gadoue est un engrais précieux ; les analyses de MM. Ladureau, Petermann, Müntz et Girard sont là pour le prouver.

« La valeur intrinsèque de la gadoue explique comment l'emploi en a toujours été utilement fait par l'agriculture. Pour la ville de Paris, le cube total annuel est de 900,000 mètres cubes environ. Plus du tiers est enlevé directement par les agriculteurs de la banlieue, sous-traitants des entrepreneurs de la ville de Paris : le reste est expédié par chemins de fer ou par eau, ou charrié par les entrepreneurs, soit dans les dépôts qui leur appartiennent, soit aux lieux d'emploi dans les champs. »

En Angleterre, comme en France, le prix de la gadoue revient aux agriculteurs à 2 fr. 50 environ par tonne.

Les rapporteurs s'étendent ensuite sur la destruction des détritus solides par le feu, largement pratiquée en Angleterre. Les odeurs et les poussières que peut dégager la crémation de ces matières sont évitées et, au point de vue de l'hygiène, les officiers médicaux n'ont signalé aucun effet nocif.

Sans présenter de conclusions fermes, MM. du Mesnil et Journet demandent que le *système des boîtes à ordures pour la collecte soit généralisé*, et que le *récipient soit en métal, propre* et *désinfecté;* que l'*enlèvement soit journalier, matinal et rapide autant que possible;* ils terminent en recommandant l'*utilisation des détritus et gadoues par l'agriculture*, et si *cette utilisation venait à manquer, en en conseillant la transformation.*

M. Mauriac n'attache pas une grande importance à la collecte des ordures; les détritus sont, à Bordeaux, emportés par des bateaux à 30 kilomètres et utilisés par les agriculteurs.

M. de Montricher (Marseille) donne quelques détails sur le transport et l'utilisation, dans les plaines de la Crau, des détritus de Marseille.

M. du Mesnil. — M. Mauriac semble ne pas attacher une très grande importance à la collecte des ordures; je crois au contraire que c'est là une opération capitale pour l'hygiène de la maison; elle doit faire l'objet de tous nos soucis. Pour ce qui est du chiffonnage, cette question a soulevé à Paris, il y a quelques années, de véritables tempêtes. Je m'en suis spécialement occupé, et je n'ai pas cru devoir proposer la suppression de cette industrie, qui fait vivre d'ailleurs chez nous 17 à 18,000 individus, gens plus intéressants qu'on ne pense généralement. Chose qui pourrait paraître bizarre, la profession de chiffonnier n'est pas insalubre; ils se tiennent proprement, et on les voit rarement à l'hôpital.

Je crois qu'il ne faut penser à l'incinération des gadoues qu'en dernière analyse, parce qu'il y aurait là une perte considérable en même temps qu'un surcroît de dépenses.

M. Buret (de Lyon). — L'emploi agricole est la meilleure utilisation, mais il est des saisons où il est nécessaire de faire des accumulations, et alors ces accumulations peuvent avoir des inconvénients. A Lyon, pendant la période de non-utilisation, on les brûle.

M. Vignard. — Il me semble qu'à côté de la question économique, il serait peut-être utile d'envisager le côté hygiénique et de voir le rôle que jouent les gadoues dans la propagation des épidémies.

M. Crimail (de Pontoise). — En Seine-et-Oise, je crois avoir observé des épidémies de variole et de diphtérie, occasionnées par les accumulations de détritus de Paris.

M. Treille (d'Alger). — Autrefois les gadoues d'Alger étaient déversées sur un vaste terrain appartenant à l'administration militaire, et l'on nous a enlevé l'autorisation, sous prétexte que nous avions amené le développement d'épidémies typhiques.

M. Leroy des Barres. — J'habite l'un des cantons où l'on emploie le plus de gadoues; je n'ai jamais entendu dire qu'elles aient amené aucune épidémie.

M. du Mesnil. — J'ai étudié tout particulièrement cette question; les dépôts de gadoues ont souvent provoqué des enquêtes; on leur a reproché d'exhaler des odeurs nauséabondes, mais dans aucun cas on ne les a incriminées à propos du développement d'épidémies. Il ne faut pas trop se hâter de conclure d'une simple coïncidence à un rapport de cause à effet, surtout quand il s'agit de diphtérie qui, comme chacun le sait, tend à devenir partout endémique.

(Les propositions des rapporteurs sont adoptées.)

La séance est levée.

Section IV. — *Séance du matin.* — M. Petresco (Bucarest), *président;* MM. Mathias Roth (Londres) et Vicente Cabello (Madrid), *vice-présidents.*

M. Ferrand (de Lyon) fait une communication sur *les industries bruyantes au point de vue de l'hygiène.*

M. Ferrand fait une différence entre les sons et les bruits : les bruits de l'artillerie frappent moins agréablement le tympan que les sons musicaux. C'est la membrane du tympan qui est la première victime des vibrations trop considérables de l'air, depuis la congestion jusqu'à la déchirure entraînant la surdité.

Après avoir passé en revue toutes les professions qui sont victimes des bruits forts, M. Ferrand indique quelques moyens préventifs; il croit que le turban rendrait de grands services aux artilleurs et présente aux auditeurs des oreillettes en toiles métalliques garnies de paille de fer.

J'ai essayé, dit l'orateur, l'oblitération incomplète du conduit auditif externe pour atténuer les bruits. Mais cette atténuation se fait aux dépens de la netteté de la perception des sons. La paille de fer, la paille de plomb, la toile métallique, ont donné de bons résultats. Non seulement elles conservent la netteté du son, mais elles le renforcent même. J'ai fait des expériences sur l'amplitude des oscillations des ondes aériennes traversant des tubes garnis de coton, de paille de fer, de plomb, etc... Ces expériences m'ont démontré que l'amplitude des oscillations est atténuée avec le plomb plus qu'avec le fer, probablement à cause de la différence de densité de ces deux corps.

Lorsque des téléphonistes se trouvent placés sur un champ d'action militaire, le bruit du canon, le galop des chevaux, etc., les empêchent d'entendre les réponses des personnes avec lesquelles ils se trouvent en communication. Or je les ai munis des oreillettes que je viens de vous présenter, et grâce à elles, la perception de son est devenue très nette.

Je conclus donc :

1° J'ai sûrement prévenu toute rupture de la membrane du tympan ;

2° J'ai rendu tolérables pour l'ouïe les vibrations internes, autrefois douloureuses ; j'ai conservé la faculté d'entendre tous les ordres donnés au milieu des bruits, etc.

M. Lallier. — Vous avez parlé d'expériences faites dans des casemates, sous des coupoles en fer auprès desquelles on tirait le canon ; vous avez relaté que des animaux assez volumineux, tels que des cochons, pouvaient mourir de commotion cérébrale, etc. Mais avez-vous fait la même expérience avec des animaux munis des oreillettes que vous nous avez présentées ?

M. Ferrand. — Cette expérience n'a pas été faite.

(Les conclusions du travail de M. Ferrand sont adoptées.)

M. Kuborn (de Liège) lit un mémoire *sur l'état sanitaire des ouvriers mineurs en Belgique, surtout au point de vue de la pseudo-phtisie pulmonaire et de la phtisie tuberculeuse.*

Après avoir exposé les études qu'il a faites pour arriver à améliorer les conditions d'existence et de longévité des mineurs, M. Kuborn constate que ces ouvriers n'observent pas les règles de l'hygiène ; du reste, les conditions mêmes où ils exécutent leur travail contribuent à l'éclosion de bien des maladies chez eux ; on peut faire disparaître certaines de ces conditions, mais pas toutes.

Il rappelle que :

1° Il y a vingt ans, l'Académie de médecine belge a été chargée d'étudier les conditions propres à améliorer la situation des mineurs.

A la suite de cette discussion, plusieurs exploitants du bassin de Liège avaient pris spontanément la décision d'exclure les femmes des travaux souterrains et de ne plus admettre les hommes qu'à partir de douze ans. Cette mesure a amené des résultats, car aujourd'hui la longévité moyenne des mineurs est de quarante ans et huit mois, alors qu'elle n'était autrefois que de trente-sept ans et six mois (dans le bassin de Seraing), ce qui démontre que les conditions hygiéniques dans lesquelles sont placés les mineurs du bassin de Liège sont relativement satisfaisantes.

2° On a constaté la rareté de la tuberculose pulmonaire. Est-elle due à l'action des émanations de la houille? Je signale, en passant, la confusion faite entre le ramollissement tuberculeux et les phénomènes caverneux résultant de la pneumonie chronique et de la dilatation des bronches.

M. Crocq. — Il y a dans le remarquable travail que vient de lire M. Kuborn des observations intéressantes sur la phtisie pulmonaire. Depuis le commencement du siècle on a signalé la rareté de la tuberculose pulmonaire dans les mines de houille. Il semble y avoir antagonisme entre les poussières charbonneuses et le développement de la tuberculose. On en cite bien quelques cas, mais ils sont très rares.

Il semble que la poussière du charbon joue un rôle prophylactique vis-à-vis de la tuberculose. On a vu des familles présentant un terrain héréditairement tuberculeux échapper à cette maladie en travaillant dans les mines. Assurément, les chiffres de la mortalité sont très bas.

Il est une maladie qui semble évoluer de la même manière que la tuberculose. C'est l'anthracose pulmonaire. Elle présente en effet trois périodes.

Première période. — Infiltration charbonneuse avec phénomènes d'anémie; l'hématose est plus difficile à cause de la couche charbonneuse qui empêche les échanges gazeux.

Deuxième période. — L'encombrement charbonneux ayant augmenté, les malades présentent des symptômes d'asthme. Mais cet asthme n'entrave pas leur existence.

Troisième période. — A cette période, les malades présentent à peu près les mêmes phénomènes que la tuberculose pulmonaire : expectoration purulente, bruits caverneux, etc., et ils ne tardent pas à succomber.

En thèse générale, une muqueuse ne peut favoriser le passage d'une molécule étrangère tant qu'elle est recouverte de son épithélium. Lorsqu'elle en est dépourvue, les molécules charbonneuses passent à travers, et leur présence dans le tissu pulmonaire produit des désordres pouvant aller jusqu'à la nécrobiose du parenchyme.

M. FABRE (de Commentry) attribue la rareté de la tuberculose chez les mineurs à ce fait que les mineurs qui n'ont pas la vigueur nécessaire ne descendent pas dans la mine.

M. ROTH demande si l'on a essayé le charbon dans le traitement de la tuberculose.

M. CROCQ a confectionné un appareil pour introduire des poussières de charbon dans les voies respiratoires, mais les expériences n'ont pas encore été faites.

M. VAN DEN CORPUT (Bruxelles) ne croit pas que la poussière de charbon puisse seule avoir une action sur le développement de la tuberculose. Il faut tenir compte d'autres facteurs, tels que le dégagement de certains gaz d'hydrogène sulfuré ou carboné, du degré hypométrique de l'atmosphère, etc. Ce même fait d'immunité s'observe dans d'autres mines. Dans les mines de sel gemme, en Bavière, il a pu constater une immunité réelle chez les ouvriers chargés de l'extraction du sel.

M. CROCQ. — Il peut assurément y avoir d'autres facteurs, et le sel gemme en particulier semble jouer un rôle, car c'est non seulement un préservatif, mais aussi un curatif de la tuberculose. Certaines eaux chlorurées sodiques ont été employées avec succès en Allemagne contre la tuberculose au premier degré.

M. THIBAULT (de Lille) donne lecture d'un long mémoire *sur l'influence des charrées de soude sur les cours d'eau et en particulier sur la basse Deûle, à Lille.*

La séance est levée à 11 heures 1/4.

Séance du soir. — La séance est ouverte à 2 heures sous la présidence de M. Vallin.

M. ÉMILE TRÉLAT donne lecture du rapport dont il a été chargé avec M. SOMASCO sur la troisième question : *Du chauffage et de l'aération des habitations.*

Les maisons que nous habitons actuellement dans les grandes villes, à l'exception toutefois des maisons princières, sont d'une salubrité douteuse. On y souffre de malaises qu'on supporte par accoutumance, car le chauffage et l'aération des logements sont très défectueux. Si nous voulons connaître les conditions auxquelles nos habitations devraient satisfaire, interrogeons la nature, car c'est chez elle seule que nous trouverons le parfait bien-être hygiénique. Vous connaissez tous les travaux qui ont été faits sur la composition chimique de l'air. Je rappellerai toutefois, en passant, ce fait assez nouveau, que l'air renferme des milliers de micro-organismes que nous ingérons pour le moins impunément.

Je me trouve donc amené à tirer de là cette première conclusion :

« Quand nous voudrons alimenter les atmosphères intérieures de nos habitations, il faudra bien nous garder de modifier la constitution de l'atmosphère naturelle où nous les puiserons. Il ne faudra ni mélanger celle-ci avec les poussières stagnantes et putrescibles de nos intérieurs, ni amortir sa population microscopique en la chauffant. Cette prescription condamne en principe l'alimentation des atmosphères intérieures par voie de calorifères à air chaud, dont les longs conduits sombres sont des réceptacles de poussières minérales et organiques, et dont la fonction est de charger artificiellement l'air de calories. »

Que se passe-t-il dans la nature? Le grand foyer calorigène est le soleil, mais il y a un récepteur général de chaleur qui est en même temps un réservoir ; c'est le sol qui, la nuit, répand sa chaleur dans l'espace et le refroidit. Ce phénomène se reproduit tous les jours, et ainsi de suite ; donc je formule cette deuxième conclusion :

« C'est par l'intermédiaire du sol et des reliefs qui le couvrent que nous recevons les bienfaits caloriques du soleil.

« Le sol est toujours chauffé en pleine lumière.

« L'air que nous respirons dans ces conditions est toujours

à une température inférieure à celle du sol qui nous échauffe, et il est d'autant plus sain qu'il est plus frais. »

Mettons à profit les exemples. Je crois que le meilleur système de chauffage serait de faire circuler de l'air chauffé entre deux épaisseurs de murs séparés par un vide ou, si ces conditions ne peuvent être remplies, il sera bon d'installer au bas des fenêtres, en pleine lumière, des surfaces chauffées à basse température pour ne pas nuire à l'air que nous devons respirer.

Que vous dirai-je de l'aération? Elle doit être double: aération des personnes, aération des matériaux.

Chaque personne a besoin, d'après les nombreux travaux entrepris à ce sujet, d'une quantité d'air qui varie, selon les auteurs, de 15 mètres cubes à 200 mètres cubes par heure; mais cet air doit être fréquemment renouvelé, et l'aération sera très bien servie :

1° Par des baies bien proportionnées, percées sur deux flancs opposés et tenues ouvertes toutes les fois que le temps le permettra;

2° Par des portions de baies qui pourront s'ouvrir isolément dans les baies totales, pendant les temps demi-rigoureux;

3° Par des surfaces percées de nombreux petits trous coniques, comme des *verres perforés*, qui ne seront fermées que dans les bourrasques et les tempêtes, et qui introduiront et extrairont en quasi-permanence l'air d'alimentation;

4° Par des bouches supplémentaires d'accès et des bouches d'émission, celles-ci placées à la partie supérieure des locaux.

Quant à l'aération des matériaux, on l'obtiendra surtout en se servant de matières perméables poreuses. Vous savez, du reste, qu'on a assimilé l'action d'un mur poreux séparant des atmosphères intérieure et extérieure à l'action d'un champ d'épuration.

L'aération des murs est une précaution salutaire, parce

qu'elle transforme la clôture de nos maisons en appareil de désinfection permanente.

Messieurs, les idées fondamentales de ce travail, auquel je ne puis ici donner tous les développements que comporte la question, sont au nombre de trois. Elles peuvent, je crois, se résumer ainsi qu'il suit, sous forme de préceptes :

« 1° Nous chauffer dans nos maisons par radiation murale ;

« 2° Y respirer toujours l'air le plus frais, puisé immédiatement dans l'atmosphère extérieure et introduit par les voies d'accès les plus nombreuses et les plus diverses ;

« 3° Aérer les murs dans leur profondeur. »

Après une réplique de *M. Richard* (de Paris), qui s'élève contre l'opinion exprimée par les rapporteurs, que les germes que nous inspirons sont indispensables à notre existence, qu'ils sont en quelque sorte physiologiques, et qui affirme que l'air le plus salubre est celui qui est privé de germes, la section adopte les conclusions des rapporteurs.

La séance est levée à 4 heures.

SECTION VI. — *Séance du matin.* — *Président*, M. Félix (Bucarest) ; *vice-président*, M. Gabriel Pouchet.

La séance est ouverte à 9 heures.

M. VIDAL (d'Avignon) lit un mémoire *sur les falsifications des denrées alimentaires.* Il s'occupe surtout des sirops dits d'orgeat, de grenadine ou de groseille que l'on vend dans les épiceries et qui ne contiennent aucune des substances qui doivent entrer dans leur composition. Ces sirops ne sont pas fabriqués par le détaillant qui ignore leur composition la plupart du temps. La loi devrait atteindre le producteur.

M. Vidal prie le Congrès d'émettre un vœu invitant le gouvernement à soumettre au même contrôle que les épiceries, confiseries, débits de boissons, etc., les laboratoires où ces sirops sont fabriqués.

M. GABRIEL POUCHET. — Les sirops qui portent un nom sans avoir la composition ordinaire tombent sous le coup de la loi de 1851, car il y a tromperie sur la qualité de la marchandise vendue.

Aller inspecter le fabricant est impossible, on ne peut que saisir les objets mis en vente.

M. DENAEYER (de Bruxelles). — J'appellerai l'attention du Congrès sur l'incurie que l'on met dans bien des endroits à réprimer la fraude ; j'appellerai également son attention sur ce fait que beaucoup de médicaments sont falsifiés.

M. THIBAULT (de Lille). — La saisie chez le fabricant est difficile ; on peut saisir la marchandise seulement au moment où elle va être mise en vente. Quant aux médicaments, j'estime qu'il serait plus facile de réprimer la fraude. Mais pour cela il ne faut pas que les inspecteurs se contentent de faire une visite comme celle que la loi leur prescrit de faire. Il faudrait qu'ils saisissent de nombreux échantillons des médicaments, qu'ils les analysent longuement et avec soin, et, s'ils sont reconnus falsifiés, il faudrait frapper sévèrement le pharmacien. En effet, il ne peut se retrancher derrière ce fait qu'il ignore la composition des substances qu'il a achetées. Il est de son devoir d'en faire l'analyse. Aussi j'estime qu'il faut que les inspecteurs des pharmacies puissent faire des visites sérieuses et profitables.

M. GABRIEL POUCHET. — M. Thibault, en parlant des médicaments, s'est écarté de la question. Mais la question des médicaments est si importante que je pense que M. Thibault devrait en faire l'objet d'une communication. Atteindre les marchandises falsifiées chez le fabricant est impossible, il a la ressource de dire qu'il ne veut pas les mettre en vente. C'est au détaillant condamné de se rabattre sur le fabricant, il faut qu'il fasse analyser les produits que celui-ci lui vend et qu'il le fasse condamner.

M. MÉRAN (de Paris). — La loi de 1851 est insuffisante, et le Congrès devrait émettre le vœu qu'elle soit modifiée. Il y a diverses catégories de fraudes qu'on peut ranger en deux classes : les fraudes inoffensives et les fraudes nuisibles. La loi ne fait pas de distinction entre le trompeur et l'empoisonneur.

C'est injuste ; l'empoisonnement doit être frappé beaucoup plus sévèrement.

M. GABRIEL POUCHET. — Cette distinction peut se faire, mais elle est laissée à la latitude des tribunaux qui, généralement, augmentent la peine dans le cas où la fraude est nuisible. Je suis absolument de l'avis de M. Méran, et je demanderai aussi à ce que la loi établisse des catégories.

La section adopte le vœu suivant : *Dans les pays où la loi ne fait pas de distinction entre les simples falsifications et les fraudes nuisibles, nous émettons le vœu qu'elle fixe une pénalité plus forte pour cette dernière catégorie.*

M. Van Hamel-Roos (d'Amsterdam) expose de quelle façon il a institué un essai de *contrôle des vivres.*

Tout acheteur a droit à faire analyser gratuitement ses échantillons, et le chimiste est payé par le vendeur. Celui-ci n'y perd rien, car, s'il vend de la bonne marchandise, son débit se trouve augmenté par ce fait qu'il est reconnu qu'il vend de la bonne marchandise.

Ce contrôle dépend de l'initiative privée et décharge d'autant les laboratoires officiels. En voici les bases :

Le vendeur envoie aux chimistes un échantillon de toutes les substances qu'il possède, à moins qu'elles n'aient un certificat d'analyse.

Le chimiste peut prélever autant d'échantillons qu'il le désire, et il peut publier l'analyse ainsi que le nom du marchand.

Tout acheteur peut envoyer gratuitement un échantillon.

Le vendeur doit afficher dans son magasin le résultat des analyses, il peut même le publier dans les journaux.

On me dira qu'un épicier qui possède une quantité de différentes marchandises aurait trop de choses à faire analyser. Il lui est facile de demander un certificat d'analyse à son vendeur.

Les chimistes ne sont pas débordés par les analyses, car le public connaissant la qualité des marchandises ne leur envoie guère d'échantillons.

M. Denaeyer. — Si le chimiste peut publier le nom du vendeur, c'est une mauvaise chose, car celui-ci est livré à l'arbitraire du chimiste.

M. Van Hamel-Roos. — Le système fonctionne très bien à Amsterdam.

M. Petresco (de Bucarest) fait une communication *sur les eaux potables à Bucarest.* A l'aide d'un plan magnifique, l'orateur montre l'emplacement des mille puits qui alimentent Bucarest. Il rappelle l'influence que les eaux malsaines ont sur la santé. L'eau des puits de Bucarest a été examinée, 22 de ces puits seulement avaient une bonne eau ; les autres, à mesure qu'on approche du centre, sont mauvais. Il semble que le sol y soit de plus en plus souillé. 617 puits, situés dans les parties centrales de la ville, fournissent une eau absolument mauvaise, dans quelques-uns on a retrouvé le bacille typhique. La fièvre typhoïde décimait la population et surtout l'armée. Les puits ont été fermés, l'eau de source a été amenée dans les casernes, et la mortalité typhique est presque nulle maintenant chez les soldats. Dans dix ans Bucarest aura certainement une eau absolument pure.

M. Vignard. — Autrefois, à Soulina, la garnison était décimée par la fièvre typhoïde. Cela tenait, je crois, à ce que l'on puisait l'eau dans le Danube, à très peu de distance de l'endroit où débouchait un canal amenant les matières fécales provenant des fosses de la caserne. Depuis trois ans la caserne a été refaite, le canal a disparu, les matières fécales sont transportées au loin ; j'ignore si la fièvre typhoïde a diminué, et je demanderai à M. Petresco s'il en a connaissance.

M. Petresco. — Je l'ignore, mais il est un fait, c'est qu'en Roumanie la mortalité par maladies infectieuses a diminué depuis trois ans, et cela est dû aux soins que nous prenons d'avoir de l'eau pure.

M. Favre (de Paris) lit un travail *sur la cuisine hygiénique et la nécessité des écoles de cuisine.*

La séance est levée à 11 heures un quart.

Séance du soir. — La séance est ouverte à deux heures sous la présidence de M. Van Hamel-Roos.

M. Brouardel résume le rapport qu'il a été chargé de faire sur la septième question, conjointement avec MM. Pouchet et Loye : *Des accidents causés par les substances alimentaires d'origine animale, contenant des alcaloïdes toxiques.* L'ingestion de produits alimentaires d'origine animale détermine parfois des accidents assez graves. Ils consistent, d'une façon générale, tantôt dans des troubles gastro-intestinaux, tantôt en phénomènes nerveux.

Nous n'entendons point parler ici des dangers auxquels le corps humain se trouve exposé par suite de la pénétration de parasites comme le tænia ou la trichine. Nous excluons de notre examen les conséquences de la pénétration de microbes bien connus, charbon, tuberculose, etc. Les accidents sur lesquels nous désirons appeler l'attention ont une origine des plus incertaines.

L'opinion publique a, de tous temps, rapporté ces accidents à de véritables intoxications. On incriminait les sels de plomb ou de cuivre, ou même d'autres substances chimiques. Aujourd'hui, nous attribuons aussi ces accidents à de véritables intoxications produites par des alcaloïdes d'origine animale, ptomaïnes et leucomaïnes.

Il semble indiqué de faire quelques réserves, les accidents pouvant être attribués dans quelques cas à la pullulation dans le tube digestif de microbes amenés par les matières alimentaires.

La chair de certains poissons se montre, en dehors de toute altération, toxique pour l'homme. Mais le plus souvent ce n'est que lorsque les aliments ont subi une certaine altération, qu'ils sont toxiques. Ces altérations sont souvent assez peu visibles pour ne pas attirer l'attention. Tantôt ce sont des viandes fraîches, même des viandes cuites et souvent des conserves. Le lait, la crème, le beurre, les fromages, ont dans certains cas provoqué ces accidents.

Les troubles gastro-intestinaux sont les premiers à apparaître : nausées, vomissements, tantôt diarrhée, tantôt de la constipation ; les accidents nerveux débutent plus tardivement, délire, hallucinations de la vue, insomnie, troubles oculaires, troubles de la sensibilité, quelquefois de la paralysie ; le malade est sujet à des lipothymies, et dans les cas graves il succombe au plus tard au dixième jour après le repas funeste.

Certains individus sont plus malades que d'autres, en particulier les personnes dont les reins sont atteints.

Maintenant, quelle est la raison de ces accidents, intoxication ou infection ? On les attribue aux ptomaïnes ; mais la démonstration directe de l'existence de ces alcaloïdes animaux dans les produits soumis à l'expertise a été l'exception.

Quant à l'infection, il existe des cas où l'on a trouvé dans les viandes des microbes pathogènes absolument inconnus, et où ces microbes ont été retrouvés également dans l'intestin des victimes. La question de savoir si on a affaire à une infection ou à une intoxication a une importance considérable, car les moyens prophylactiques et thérapeutiques ne seront plus les mêmes ; ainsi, la cuisson, toute-puissante dans un cas, ne vaut rien dans l'autre.

Le problème n'est donc pas encore résolu au point de vue scientifique : il l'est, par conséquent, encore moins au point de vue hygiénique. Voilà pourquoi nous appelons de tous nos vœux des recherches plus précises et plus complètes.

Nous demandons aux chimistes, aux physiologistes et aux microbiologistes des indications moins vagues sur les altérations de toute nature qui se produisent pendant la décomposition des matières animales. Il faut que les hygiénistes puissent à bon escient formuler les prescriptions et les règlements destinés à veiller sur la santé publique.

L'éminent rapporteur ajoute que certains faits se sont produits après la rédaction du rapport. Ainsi, dans les empoisonnements de Lille, des animaux ont été malades ; je pense que l'on pourrait faire putréfier de la viande, la donner à des animaux et étudier ainsi *in anima vili*, les faits d'intoxication par les substances alimentaires.

Ce qui fait la grande difficulté de ces recherches, c'est que nous arrivons toujours trop tard. Ce n'est guère que lorsque les accidents ont une certaine gravité et sont un peu anciens que nous sommes appelés.

Les matières alimentaires saisies ne sont donc pas les mêmes que celles qui ont produit l'intoxication.

M. Denaeyer (de Bruxelles) rend compte d'expériences qu'il a faites avec MM. Voss et Boulanger. Ils ont inoculé des macérations de viande filtrées et non filtrées et d'âge variable.

Sur des souris, des injections péritonéales de macération filtrée vieille d'un jour ne produisent rien, de deux jours elles amènent la mort, au troisième jour on a obtenu des phénomènes analogues à ceux causés par le curare.

La macération de viande non filtrée amène plus rapidement des phénomènes mortels.

M. Bouchard, en injectant des peptones, a produit aussi des intoxications ; ces expériences, reprises par lui avec des peptones non altérées, ne lui ont rien donné.

On a incriminé également les conserves en boîte dont le couvert serait bombé. Il est bien rare qu'une conserve altérée dégage assez de gaz pour faire bomber le couvercle.

M. Thibaut (de Lille). — Dans la fabrication des saucisses, outre les viandes ordinaires, on introduit souvent de la chair de veaux mort-nés, dont la viande donne un bon aspect à la saucisse.

La chair du jeune veau est gélatineuse et très sujette à s'altérer, et je demanderai à ce qu'une loi fixe l'âge et le poids minimum des veaux qui doivent être livrés à la consommation.

M. Girard (de Reims). — Les causes d'altération sont variables ; ainsi les viandes de charcuterie s'altèrent plus vite lorsqu'elles sont moins bien travaillées, de même la malpropreté des boyaux amène vite l'altération des saucisses ; le manque d'épices a été incriminé également.

Il arrive aussi que le boucher livre au charcutier des viandes déjà altérées.

En été les viandes se décomposent vite ; l'espèce animale a une grande influence, la chair du veau s'altérant plus vite que les autres.

La saumure aussi est très toxique.

Je demanderai que les inspecteurs de boucherie fassent partout consciencieusement leur service et qu'ils soient sévères.

M. Félix (de Bucarest). — Certaines substances s'altèrent vite ; on connaît même des cas d'empoisonnement dus à des fromages altérés.

Le sel ajouté aux viandes fraîches empêche le développement des ptomaïnes. On consomme en Roumanie de la viande desséchée et salée, du poisson salé même depuis longtemps, et il n'y a pas de cas d'empoisonnement dus à des substances alimentaires ainsi préparées.

Le fromage non salé a produit des accidents, et dans les cas où j'ai vu des saucisses amener des intoxications, c'est qu'il entrait dans leur composition du foie ou du sang.

M. POUCHET. — Dans ce que nous appelons intoxications, il faut, au point de vue chimique, séparer en deux groupes les corps que nous pouvons incriminer. Dans le premier, ce sont les ptomaïnes, dans le second nous rangerons des substances bien différentes des ptomaïnes au point de vue chimique et se rapprochant plutôt des peptones. Ces dernières substances sont éminemment altérables, et c'est pour cela qu'il est très difficile de les étudier.

Je rappellerai que mes expériences, conformes à celles de M. Bouchard, établissent la grande toxicité des peptones introduites par des injections intra-veineuses, même lorsque ces peptones ne sont pas altérées.

Il faut expérimenter de la même façon, et c'est ainsi qu'en faisant avaler à des chiens des extraits provenant de morue rouge on ne produit rien, tandis qu'on les tue si on les injecte dans les veines.

M. LAINCY (Rouen) ne croit pas qu'il faille incriminer la viande seule dans les empoisonnements par la charcuterie : les condiments introduits dans les viandes peuvent produire des accidents ; c'est ainsi que M. Layet, de Lyon, a observé des empoisonnements dus à la vanille.

M. BROUARDEL. — Avec M. Nocard, nous nous étions demandé si les ptomaïnes capables de causer des accidents pouvaient se produire sans que la viande ait subi le contact des microbes.

On sait que la chair des animaux forcés s'altère très vite ; on pourrait peut-être chercher si cette putréfaction se produit sans microbes.

M. Laugier a analysé plusieurs fœtus au point de vue chimique et n'a jamais trouvé de ptomaïnes, aussi je pense que la chair du petit veau ne doit pas être incriminée.

Il est vrai que la viande mal préparée subit des modifications, mais il est des cas où elles sont si minimes que l'on ne peut les voir, et cette viande peut causer des accidents.

Dans ces conditions, il est bien difficile de sévir, si nous n'avons pas les moyens de reconnaître facilement si une viande est altérée ou non.

On a incriminé la vanille. Je pense, en effet, que certains accidents lui sont imputables, sans que je sache pour quelle raison cette vanille est toxique.

M. FÉLIX. — Ce sont toujours des glaces à la vanille qui ont amené des accidents, glaces préparées avec du lait : je pense que c'est au lait altéré qu'il faut les attribuer.

M. BROUARDEL. — Jamais les autres glaces préparées de la même façon, mais non avec la vanille, n'ont produit d'accidents.

M. Nocard. — On nous demande de défendre la vente du petit veau, mais cette loi existe, et il est absolument défendu de vendre des veaux mort-nés et même trop jeunes, de même qu'il est défendu de vendre pour la boucherie des animaux trop maigres.

Je crois que la chair du veau mort-né est très altérable, car les bouillons que je fais avec cette chair sont extrêmement nutritifs, ce qui tient, je pense, à la grande quantité de glycogène qui s'y trouve.

Comme M. Brouardel, je pense que l'on arrive trop tard et que les alcaloïdes ont tout le temps de s'altérer et de se détruire avant que l'enquête ne soit ouverte.

M. Charrin (de Paris). — Je crois que certaines intoxications sont dues à des microbes, mais que ces microbes ne sont pas apportés avec les viandes altérées. Nous savons quel grand nombre de microbes contient le tube digestif; peut-être les viandes altérées qui sont ingérées leur sont-elles un excellent milieu de culture? Grâce au développement considérable qu'ils prennent, ces microbes peuvent infecter l'économie tout entière.

M. Bedoin (Nancy) demande que l'on émette le vœu que le règlement qui interdit la vente du veau mort-né soit plus active- appliqué.

M. Brouardel. — Là où il y a un abattoir, ce règlement est facile à appliquer; il en est autrement dans les campagnes.

M. Bapst (de Paris). — Il arrive que certaines conserves sont faites après que la viande a subi un commencement de putréfaction, c'est fréquent avec les conserves de gibier. Bien que la cuisson les stérilise après, elles n'en sont pas moins primitivement altérées.

Je crois que le bombage des boîtes ne signifie rien; il n'y a guère que les conserves de légumes qui, en s'altérant, peuvent donner des gaz.

M. Brouardel. — Avec M. Pouchet j'ai constaté, dans plusieurs exhumations, que les cercueils en plomb, au lieu d'être bombés, avaient un couvercle convexe.

M. Nocard. — Il est bon de mettre de côté les boites bombées, on sait que ce sont les microbes anaérobies qui amènent la production des gaz. Il peut très bien se faire que le vibrion septique qui se trouve dans l'intestin des animaux aille jusque dans les muscles, si l'on n'a pas dépecé l'animal rapidement. Je ne veux pas insister sur le danger que peuvent présenter des conserves contenant le vibrion septique.

M. Leprince (de Bourges). — Dernièrement, au camp d'Avor, se sont produits des empoisonnements qui paraissent dus à une viande vieille seulement de douze heures et qui, présentée devant la commission d'examen des vivres, avait paru d'excellente qualité.

M. Brouardel. — Ce qui nous prouve la difficulté que nous avons à reconnaître des altérations de viandes dangereuses.

Il est un fait, c'est que ces accidents se produisent surtout au printemps et que l'altération de la viande paraît être différente de la putréfaction ordinaire. Je ne veux pas poser de conclusion et je propose que le Congrès maintienne cette question à l'ordre du jour.

Je désire que le problème soit étudié, que chaque cas soit examiné isolément et au double point de vue clinique et chimique.

Il nous est absolument impossible de réclamer une réglementation, la plupart des éléments du problème faisant défaut.

La séance est levée.

Jeudi 8 aout.

Section 1. — *Séance du matin.* — M. Layet, M. Rochard, *présidents;* MM. Mangenot et Laurent (de Rouen), *vice-présidents.*

M. Morisset (de Mayenne) lit un mémoire sur *la dépopulation en France;* il insiste sur l'allaitement maternel, et à son défaut sur l'allaitement par les chèvres, qui sont réfractaires à la syphilis.

M. Motais (d'Angers) fait une communication sur *la myopie scolaire dans le centre de la France.* Ses recherches ont porté sur 3,200 enfants de l'instruction secondaire et sur 3,480 de l'enseignement primaire.

La myopie scolaire est d'un tiers moins élevée en France qu'en Allemagne: mais elle atteint déjà des proportions inquiétantes. Dans les classes élevées de l'enseignement secondaire, nous avons trouvé une moyenne de 34 à 37 p. 100. Dans certains collèges cette proportion s'élevait jusqu'à 80 p. 100.

La myopie n'est que la conséquence d'une loi commune à tous nos organes. Ceux-ci s'adaptent aux fonctions qu'ils remplissent habituellement. Les mammifères sont hypermétropes (œil organisé pour voir de loin); il en est de même pour les peuplades primitives, les paysans, les enfants des écoles primaires de la campagne.

Les enfants des écoles primaires des villes deviennent emmétropes (œil organisé pour voir de loin et de près).

C'est une première étape vers la myopie.

Les jeunes gens des collèges, à la suite de plusieurs années de travail de près, deviennent myopes (œil organisé pour voir de près).

Toutes les causes qui forcent à regarder de près d'une manière prolongée sont donc des causes de myopie et d'autant plus qu'elles exigent une vue plus rapprochée. Ces causes sont connues et les remèdes indiqués.

La prolongation exagérée des heures d'études et de classe est une des causes principales de la myopie. Nous l'avons prouvé par des exemples pris à l'école des Arts et Métiers d'Angers, et au Prytanée militaire de la Flèche, dont l'immunité relative ne s'explique guère que par la division des heures de travail.

Il serait bon que l'administration créât en France l'inspection ophthalmologique des écoles primaires en l'étendant à l'enseignement secondaire et supérieur.

M. Féret fait une communication sur le *lavage du sol et des murs des salles d'école* et sur *les bienfaits des travaux alternés debout et assis, pendant la durée des études, au point de vue physique.*

M. Goux (de Bordeaux) signale l'urgence d'une réforme des tables et de l'écriture.

M. Roth abonde dans le même sens et trouve que les pupitres usités à l'école Monge sont excellents.

M. Dumoulin. — Les modifications dans le mobilier scolaire ont pour but de prévenir l'altération du squelette.

M. Bergeron voudrait que les tables d'école fussent presque droites et que l'écriture fût ronde.

M. Saint-Yves-Ménard demande qu'à toute école soit joint, en réserve, un petit mobilier orthopédique à l'usage des enfants qui ont des déformations osseuses.

M. Delvaille (de Bayonne) lit les conclusions d'un travail sur l'*hygiène de l'écolier*.

Le Congrès d'hygiène émet le vœu que l'inspection médicale des écoles, prescrites par la loi de 1886, soit partout effectuée. Le médecin inspecteur sera nommé par l'Etat.

En attendant que la loi décide qu'un médecin fasse partie du Conseil départemental, il serait désirable que l'un des deux membres laissés au choix du préfet fût un médecin.

Ces deux membres devant faire partie du Conseil général, on trouvera facilement un médecin dans cette assemblée.

Ces conclusions sont adoptées.

M. Sevestre (Paris) appelle l'attention sur *quelques points de la prophylaxie des maladies contagieuses dans les écoles et les lycées.*

Il s'occupe surtout de la rougeole, contagieuse principalement à son début; elle ne l'est plus cinq à six jours après l'éruption; il voudrait donc voir la quarantaine tomber de quarante à vingt-cinq jours.

Au début, le diagnostic de la rougeole est difficile, et c'est à ce moment que la contagion est à craindre; aussi propose-t-il que tout enfant présentant quelques symptômes pouvant faire penser à un début de rougeole, enfant douteux, soit immédiatement isolé.

Les enfants qui auront été en rapport avec un rubéoleux à cette période, mais qui ne présentent aucun phénomène morbide, enfants suspects, seront surveillés et, dès qu'ils deviendront douteux, isolés.

Il est d'avis que les instituteurs possèdent quelques notions leur permettant d'isoler le plus rapidement possible les enfants malades.

M. Mangenot (de Paris). — Comme M. Sevestre, je pense qu'il ne faut pas isoler trop longtemps les enfants atteints de rougeole. Je ne suis pas de son avis au sujet des instructions à donner à l'instituteur. Il doit s'en tenir à la lettre du règlement qui lui prescrit de renvoyer immédiatement tout enfant indisposé.

M. LAYET (de Bordeaux). — A Bordeaux, nous isolons les atteints et les suspects; comme ce sont surtout les jeunes enfants qui sont plus exposés à la contagion, si l'épidémie menace de s'étendre dans un groupement scolaire, on licencie la petite classe, et souvent l'épidémie s'arrête.

Nous ne recevons pas à l'école les frères et sœurs des malades.

De plus, tout enfant suspect est examiné soigneusement jour par jour.

Enfin, les enfants non atteints de maladie contagieuse sont soignés gratuitement.

Jamais nous n'avons eu à licencier complètement une école.

M. ROCHARD. — Je suis de l'avis de M. Mangenot. Les instituteurs auxquels on donnerait des instructions ne seront jamais que des quarts de savant, et je ne connais rien de plus dangereux qu'un quart de savant, si ce n'est un demi-savant. Il y a en France 28,000 communes qui n'ont pas de médecins, et je crois que l'instituteur doit renvoyer chez lui tout enfant suspect.

M. HIRTZ (à Paris) lit un mémoire sur la *Vaccination des jeunes enfants.*

Les enfants sont, beaucoup plus que les adultes, exposés à contracter des maladies contagieuses. Cela est surtout vrai pour la variole.

Il a constaté que même des enfants vaccinés pouvaient la prendre : c'est ainsi qu'il a relevé 323 cas de variole chez des enfants de 0 à 2 ans; 301 chez des enfants de 2 à 5, et 254 à l'âge de 5 à 15 ans.

Toutes ces varioles ont été bénignes et discrètes. On a proposé de vacciner les enfants tous les six ans; il croit qu'il faut les revacciner à des dates plus rapprochées et il propose de pratiquer cette petite opération à l'âge de 3, 6 et 9 ans.

M. LAYET pense qu'il faut revacciner les enfants à l'âge de six ans. 60 p. 100 des enfants sont vaccinables, et les 40 p. 100 restant le sont les années suivantes.

M. MANGENOT est étonné des chiffres rapportés par M. Hirtz; depuis sept ans, sur 1,000 enfants qui fréquentent les écoles maternelles, il n'a observé qu'un cas de variole.

M. JANSSENS. — Il existe à Bruxelles deux instituts vaccinogènes, l'un municipal et l'autre dépendant de l'État. Le premier fonctionne tous les jours, et nous vaccinons en moyenne 6,000 personnes chaque année, et il n'y a que 4,000 naissances par an à Bruxelles. Ce qui prouve combien nous pratiquons de revaccinations. L'établissement dû à l'État envoie du vaccin de génisse dans tous les pays, et nous espérons envoyer cette année assez de vaccin pour suffire à 500,000 vaccinations.

M. Dumoulin (de Gand) fait une communication sur l'*Œuvre de l'enfance*.

La misère des parents est le plus grand ennemi des enfants, elle amène une mortalité considérable chez les enfants de 0 à 5 ans, et ceux qui survivent sont le plus souvent dans un état incomplet de développement. Obliger les parents à envoyer leurs enfants à l'école, c'est augmenter la misère des parents en les privant du salaire que les enfants pourraient rapporter. Il pense donc qu'il faut soutenir les parents surchargés de famille. Il faut permettre à la mère de se soigner avant, pendant et après l'accouchement.

Il faut donner aux parents des subsides pendant le temps que les enfants doivent rester à l'école.

Il propose la création d'une caisse spéciale, institution nouvelle, publique, ayant la personnalité civile, soutenue par l'État et les communes. Elle serait appelée l'œuvre de l'enfance, et son organisation serait calquée sur celle des bureaux de bienfaisance.

La séance est levée.

Séance du soir. — La séance est ouverte à 2 heures sous la présidence de M. Pamard.

L'ordre du jour appelle la suite de la discussion du rapport de MM. Landouzy et Napias.

M. Pamard. — La deuxième conclusion du rapport de MM. Landouzy et Napias pourrait être complétée par quelques desiderata qui me semblent avoir une certaine importance. Il serait, par exemple, utile de connaître la saison où il meurt le plus d'enfants. Au midi de la France, à mesure que la courbe des maxima de la température monte, la mortalité des enfants en bas âge augmente; dans les mois de juin, juillet, août et septembre, nous perdons 70 enfants sur les 100 qui succombent dans le cours de toute une année.

Une autre question, non moins importante, est celle de la dentition. Tout enfant qui fait ses dents dans de mauvaises conditions hygiéniques est un enfant mort.

M. Laurent (de Rouen). — Je demanderai aussi que l'on désigne la qualité de l'eau qui a servi au coupage du lait.

M. Dind (de Lausanne). — Je demanderai que l'on désigne également la nourriture de la vache. En Suisse, lorsque les vaches commencent à manger du fourrage vert, ou lorsqu'on les nourrit avec des pousses de vigne, la mortalité des enfants augmente considérablement.

M. Napias. — Les conclusions que nous avons établies représentent plutôt un programme général que les têtes de colonne d'une statistique. Si nous demandons trop, nous n'aurons rien. Chaque médecin fera son enquête comme il l'entendra. C'est un programme que nous traçons. J'admets que le mot « nature du lait » est un peu vague ; on peut le remplacer par : origine et nature du lait. On peut également demander que l'on compte aussi la mortalité par saison et que l'on indique l'époque de la dentition.

(La deuxième conclusion, ainsi modifiée, est adoptée.)

M. Pamard. — Pour ce qui concerne la troisième conclusion, je ferai observer que dans certaines villes on donne des secours aux filles-mères qui nourrissent elles-mêmes leur enfant ; on n'en donne pas aux femmes mariées nécessiteuses et dans les mêmes conditions. Je voudrais qu'on ne fît pas de différence.

M. Napias. — Nous sommes ici dans un Congrès d'hygiène, et nous n'avons pas à nous préoccuper des moyens de favoriser l'allaitement maternel. La conclusion 3 contient tout implicitement.

(Les conclusions 3 et 4 sont adoptées.)

M. Janssens (de Bruxelles). — En ce qui regarde la cinquième conclusion, je dirai que nous avons un commencement de réalisation de ce vœu à Bruxelles. Toutes les jeunes filles des écoles apprennent théoriquement l'hygiène de l'enfance, et nous espérons bientôt arriver à la pratique.

Nous avons rédigé des instructions extrêmement courtes à ce sujet, et nous donnons à toutes les mères de famille, au moment de la déclaration des naissances, un petit opuscule de quatre pages intitulé : *Conseils aux mères de famille*.

M. Laurent. — L'initiative privée fait beaucoup d'essais, mais elle rencontre souvent l'indifférence la plus complète.

A Rouen, j'ai fait un cours d'hygiène de l'enfance absolument gratuit, et il fut très peu suivi, les mères de famille déclarant qu'elles n'avaient pas le temps. Mon cours fut rédigé et je fis ainsi une petite brochure intitulée : *Conseils sur les soins à donner aux bébés*. Le résultat fut à peu près nul, très peu de mères le lurent.

Aussi faut-il apprendre à la jeune fille quelques notions d'hygiène infantile et les inscrire au programme des études.

Déjà le ministère de l'instruction publique est entré dans cette voie.

Dans le programme des examens pour l'obtention des brevets d'instituteur et d'institutrice, se trouvent quelques questions d'hygiène, mais jamais les candidats n'apprennent l'hygiène, et pour cette bonne raison que l'on n'en demande pas aux examens.

Je demande que le Congrès émette le vœu que l'on examine sur l'hygiène les candidats à l'obtention du brevet d'instituteur ou d'institutrice, et que ce soit un médecin qui fasse passer cet examen.

Je veux encore attirer l'attention du Congrès sur un autre point.

On fait faire dans chaque département, par un professeur de la Faculté des sciences, quatre ou cinq conférences par an sur l'élevage des bestiaux. A Rouen, c'est un professeur de Caen qui vient faire cette conférence annoncée longtemps à l'avance par des affiches de la préfecture. Ne pourrait-on pas faire quelque chose d'analogue pour les enfants? On trouverait facilement un médecin capable de faire une conférence sur l'hygiène infantile. On pourrait même, pour donner plus d'autorité à ces conférences, les faire faire par un professeur d'une école de médecine.

M. Félix (de Bucarest). — On doit apprendre l'hygiène aux instituteurs. En Roumanie, l'hygiène figure au programme des écoles secondaires; pour les écoles rurales, le gouvernement a fait imprimer un petit traité contenant les choses les plus importantes qu'un enfant doit posséder sur ce sujet.

Je crois qu'en France, comme en Roumanie, les instituteurs devraient se réunir plusieurs fois pendant les vacances et que des conférences devraient leur être faites. En Roumanie, le médecin du district leur fait des conférences d'hygiène.

M. Landouzy. — Les propositions de M. Laurent sont excellentes, mais elles sont contenues implicitement dans notre cinquième conclusion.

Ce que nous demandons surtout, c'est que toute jeune fille récite l'hygiène des enfants comme on récite la géographie, de façon à ce qu'elle apprenne et retienne les préceptes qu'elle devra mettre plus tard en pratique.

Nous voulons aussi qu'elle apprenne à soigner pratiquement les enfants.

M. MARBEAU. — Je voudrais aussi, comme M. Laurent, que l'on interrogeât les instituteurs et les institutrices sur l'hygiène.

Je pense qu'en plaçant la crèche à côté de l'école on ferait une chose excellente et que les jeunes filles, allant dans la crèche, apprendraient facilement à soigner un enfant. Cette chose existe déjà en Belgique, et bien que la crèche soit une institution privée et l'école une institution de l'État, il n'y a jamais de conflit.

Je désirerais que ces leçons pratiques fussent dirigées par quelqu'un de compétent et qu'elles fussent surveillées par un médecin.

M. LAURENT. — Je ne demande pas que mes vœux soient annexés aux conclusions de MM. Landouzy et Napias, mais je désire qu'on saisisse l'occasion qui vient de se présenter pour que le Congrès les vote.

M. LEDÉ (de Paris). — Je demanderai aussi que l'on instruise les directrices de crèche sur les préceptes de l'hygiène; souvent elles n'en veulent faire qu'à leur tête et malgré les conseils que les médecins peuvent leur donner.

M. MARBEAU. — Si les directrices de crèche apprennent un peu l'hygiène, il sera encore plus difficile que maintenant de les empêcher de faire ce qu'elles voudront.

Je demanderai qu'on impose aux directrices l'obéissance aux médecins pour tout ce qui concerne l'hygiène.

(La cinquième et la sixième conclusion sont votées.)

Le Congrès vote ensuite les vœux de M. Laurent; le premier est ainsi conçu :

« Le Congrès d'hygiène émet le vœu que la connaissance des matières concernant l'hygiène et surtout l'hygiène infantile, qui figurent au programme des brevets de capacité supérieurs et primaires, soit réellement exigée des aspirants et aspirantes à ce brevet, et qu'à cet effet des médecins figurent dans les jurys. »

Le second est ainsi formulé :

« Le Congrès d'hygiène émet le vœu que des conférences sur l'hygiène de l'enfance soient faites officiellement dans les départements. »

Le vœu suivant proposé par M. Ledé est également adopté:

« Le médecin de la crèche aura l'autorité nécessaire pour faire observer les mesures d'hygiène et les règles d'alimentation. »

Le vœu suivant proposé par M. Landouzy est également adopté:

« La section d'hygiène de l'enfance du Congrès international ayant constaté la nécessité d'une enquête permanente sur la mortalité de la première enfance, émet le vœu que la Société de médecine publique, instigatrice du Congrès, se mette en rapport avec les institutions de France et de l'étranger qui s'occupent d'hygiène pour faire étudier cette question par une commission permanente internationale. »

La séance est levée.

SECTION III. — *Séance du matin.* — *Président*, M. Richard.

M. MORISSET (de Mayenne) lit un mémoire sur *l'utilité des boîtes de secours dans les campagnes.*

Il insiste sur cette utilité au double point de vue de l'assistance médicale et de la prophylaxie des maladies contagieuses.

M. ALMÉRAS (de Menton) revient sur la *prophylaxie et la tuberculose dans le midi*, communication qu'il a faite à une précédente séance.

Il dépose le vœu suivant : Pour les chambres d'hôtel, les appartements ou villas des stations fréquentées par les tuberculeux, le Congrès d'hygiène reconnait l'urgence absolue de l'assainissement vraiment scientifique des locaux par l'application rigoureuse des méthodes antiseptiques; celui des matelas, couvertures, édredons, etc., par l'étuve à désinfection par la vapeur sous pression. Il est nécessaire qu'il y ait un délégué spécial du service d'hygiène dans chaque station, à cet effet. Pour affirmer hautement la nécessité de ces pratiques dans l'esprit de ceux auxquels elles incombent, avoir même au besoin raison des résistances ou d'incuries regrettables, le Congrès fait un devoir à chaque médecin de recommander tout particulièrement aux clients qu'ils dirigent sur ces stations de toujours réclamer la production d'un certificat d'assainissement et de salubrité avant de faire choix d'un hôtel, d'un appartement ou d'une villa.

Ces conclusions sont adoptées.

M. BUJWID (de Varsovie) fait une communication sur les *résultats de la méthode Pasteur à l'institut de Varsovie*, sur *l'analyse bactériologique des eaux et de l'air à Varsovie* et sur *la culture pure de l'actinomycose.*

Les résultats obtenus par la vaccination antirabique sont très satisfaisants; l'institut de Varsovie n'a eu à enregistrer que 2 décès, et on y traite la moitié au moins des individus mordus en Pologne; sur les non vaccinés, il y a eu 20 décès.

L'air de Varsovie contient peu de bacilles, mais des microcoques dont aucun n'est pathogène. L'eau de la Vistule qui alimente la ville, prise en amont et filtrée à travers le sable, ne contient que 5 à 30 microbes par centimètre cube.

M. Bujwid considère ces filtres de sable comme seuls pratiques.

Il a pu cultiver sur la gélose nutritive des produits actinomycosiques et cela en faisant la culture à l'abri de l'oxygène de l'air, suivant la méthode de Büchner. Cette méthode consiste à renverser le tube à culture dans un tube plus large, contenant une solution de soude caustique et d'acide pyrogallique.

M. Thoinot (de Paris). — M. Nocard a obtenu des cultures d'actinomycose sur un milieu liquide et à l'air libre. Les essais d'inoculation n'ont pas donné de résultat positif.

M. Armaingaud (de Bordeaux) communique une note sur *un essai d'organisation et de prophylaxie administrative des maladies épidémiques dans certains départements du midi de la France; services rendus par les gendarmes comme agents d'information et d'exécution.*

Il n'entre pas dans l'idée de M. Armaingaud de faire de la gendarmerie le rouage principal d'une administration sanitaire qui doit être exclusivement civile; mais il a essayé, d'accord avec un colonel de gendarmerie, d'employer les gendarmes à la vulgarisation des notions élémentaires d'hygiène concernant soit la première enfance, les femmes en couche, ou bien les individus atteints de maladies épidémiques. Les gendarmes ont été en même temps très utiles comme agents d'informations pour nous renseigner immédiatement sur l'apparition des épidémies, et exécuter les premières mesures d'assainissement.

Aujourd'hui qu'un projet d'organisation d'assistance publique est en préparation, on pourrait peut-être penser à utiliser la gendarmerie.

M. Monod, *directeur du service d'assistance publique au ministère de l'intérieur.* — Sans espérer pouvoir généraliser le fonctionnement établi par M. Armaingaud, l'administration prend bonne note des résultats signalés, bien certaine d'ailleurs d'obtenir le concours du ministre de la guerre si ce concours était réclamé pour les besoins de l'hygiène.

M. Monod demande à la section d'adresser des félicitations à M. Armaingaud. (Adopté.)

M. Richard lit, au nom de *M. Challan de Belval* (d'Amélie-les-Bains), une note sur l'étude de l'*étiologie de la fièvre typhoïde.*

M. Challan de Belval a observé depuis 1886, à Amélie-les-Bains, trois épidémies au sujet desquelles il s'est livré à une enquête minutieuse: dans la première, qui survint à l'hôpital, les analyses d'eau ne donnèrent que des résultats négatifs au point de vue du bacille typhique; dans la seconde, qui se manifesta au camp, on put croire que l'eau d'alimentation avait été souillée par des selles d'individus atteints quatre mois auparavant de fièvre typhoïde dans une ferme voisine. Quant à la troisième, elle porta sur sept individus d'une même chambrée; ils furent les seuls atteints dans la caserne, et il semble difficile ici de ne pas invoquer la contagion.

M. Hoel (de Reims) rend compte d'une *enquête sur les décès de la dipthérie à Reims depuis* 1881. J'ai relevé soigneusement tous les décès survenus à Reims depuis 1881, par suite de la diphtérie. J'ai constaté dans cette enquête que les quartiers les plus frappés sont les quartiers excentriques, les quartiers neufs, qui sont encore très insalubres. J'ai constaté, en outre, qu'il y avait souvent des épidémies dans les maisons malsaines, épidémies qui faisaient des retours offensifs parfois après plusieurs mois. Il m'a semblé que l'élevage des animaux, lapins, poules, dans les maisons, pouvait être incriminé dans certains cas.

M. POUCHET. — Ces retours offensifs de la diphtérie après un long intervalle prouvent combien le germe diphtéritique est résistant.

M. LE ROY DES BARRES. — Il y a quelques années nous avons eu à la maison de la Légion d'honneur à Saint-Denis une épidémie de diphtérie qui nécessita la fermeture de l'établissement au commencement de juillet. On assainit ou désinfecta par tous les moyens préconisés comme les plus puissants; la rentrée se fit en octobre et en novembre, et l'épidémie reparut. Voilà, je crois, encore un bel exemple de persistance et de résistance des germes diphtériques.

M. BARD (de Lyon). — Je crois que dans l'étiologie de la diphtérie on ne tient pas assez souvent compte de deux facteurs qui, pour moi, ont une importance capitale : la courte durée de l'incubation et la persistance, souvent très longue, de la contagiosité après la convalescence. On verrait dès lors que la contagion peut être incriminée dans l'immense majorité des cas.

M. NOCARD. — La longue vitalité du germe dans un milieu une fois infecté est cependant incontestable. En voici un exemple : Un enfant meurt de diphtérie dans une famille. Toute la literie, tous les vêtements sont brûlés, à l'exception du berceau. Un an après naît dans cette famille un autre enfant, il est placé dans le berceau non désinfecté; cet enfant meurt de diphtérie. Il est difficile de ne pas voir ici un argument en faveur de la durée de la vitalité des germes.

M. Hoel a parlé tout à l'heure de l'élevage des poules dans l'étiologie de la diphtérie; il est bien entendu qu'il n'y a aucun rapport à établir entre la diphtérie humaine et la diphtérie avicaire; les recherches modernes ont d'ailleurs prouvé d'une façon absolue la non-identité des deux affections.

M. RICHARD cite, à ce propos, l'épidémie de la caserne de Nuremberg qui a duré cinq années. Il y a eu six cas, dont trois dans la même chambre; malgré les désinfections, la diphtérie reparaissait à deux ou trois ans d'intervalle. Le bacille est donc très résistant, et les fumigations d'acide sulfureux sont sans valeur.

M. GARNIER fait une communication sur l'*hygiène rurale et sur un foyer localisé de fièvre palustre*.

Après avoir raconté l'histoire d'une épidémie locale de fièvre paludéenne, M. Garnier montre qu'il est arrivé à en retrouver la cause dans l'habitation même de la famille frappée : une fosse à fumier à proximité de la maison, un rez-de-chaussée sombre et humide qui servait de chambre à coucher. La maison fut exhaussée, les habitants s'installèrent au premier et ils n'ont plus été malades.

M. Mossé revient sur la *prophylaxie de la tuberculose*. Il émet le vœu que : *dans toutes les villes possédant une étuve à désinfection les objets de literie, tapis, tentures, etc., ne soient admis à la salle des ventes publiques que munis d'un certificat attestant que les objets ont été soumis récemment à la désinfection par l'étuve.*

M. Pouchet appuie ce vœu et y joint l'amendement suivant : *Les ateliers de battage de tapis, établissements classés, seront désormais obligés de pratiquer la désinfection des tapis avant le battage.*

Ces deux vœux sont adoptés à l'unanimité et la séance est levée.

Séance du soir. — La séance est ouverte à 2 heures sous la présidence de M. Nocard.

M. Angel Gavino lit un mémoire sur l'*assainissement de Mexico.*

Mexico a aujourd'hui 400,000 habitants; l'hygiène urbaine y a été depuis quelques années l'objet des préoccupations constantes de la municipalité et du gouvernement : une des grandes difficultés qu'on a rencontrées, pour son assainissement, a été l'évacuation des eaux d'égout, car la ville est située en contre-bas. Un canal, profond parfois de 8 à 10 mètres, servait à cette évacuation. Il est devenu insuffisant, et l'on a entrepris de percer les montagnes pour arriver à un écoulement rapide et absolu des eaux d'égout. Le tunnel aura 10 kilomètres de long. En attendant qu'il soit achevé, on a établi des pompes à vapeur pour refouler les eaux à une grande distance. M. Angel Gavino fait ensuite connaître les mesures prises par le gouvernement pour assurer la salubrité des maisons ; il rappelle que la vaccination a été rendue obligatoire, qu'on a installé des étuves à désinfection, un laboratoire central d'analyses, un institut de vaccination antirabique.

L'eau potable est abondante et d'excellente qualité; elle provient de sources situées sur la montagne *de los Cruces*, voisine de Mexico. Ces sources se trouvent à 900 mètres au-dessus du niveau de la ville, elles ont une pression telle qu'elles peuvent être facilement amenées aux étages supérieurs des maisons.

Le résultat pratique de ces mesures d'assainissement ne s'est pas fait attendre : les maladies infectieuses ont diminué dans une large proportion.

La séance est levée.

SECTION V. — *Séance du matin.* — *Président*, M. Arnould; *vice-président*, M. Dubrisay.

M. BÉDOIN (de Nancy) fait une communication *sur la désinfection des gares frontières.*

Dans les questions sanitaires, on s'occupe peut-être trop exclusivement des ports. Sans doute, l'importation des épidémies par voie de mer est à redouter; mais croit-on qu'elle ne soit point du tout à craindre par la voie de terre? Il existe bien aux gares frontières un service de surveillance des bestiaux; pourquoi n'organiserait-on pas quelque chose du même genre pour les humains? Un personnel muni d'appareils à désinfecter que l'on pourrait transporter d'un point à un autre de la région devrait être chargé de la surveillance des frontières terrestres.

M. TREILLE critique les mesures recommandées par M. Bédoin; elles sont excessives et par cela même impraticables et inefficaces.

M. ARNOULD. — Même actuellement, malgré les progrès accomplis dans la désinfection, celle-ci, pour être sérieusement faite comme le veut M. Bédoin, serait encore fort difficile, sinon impossible. Il y a là des obstacles presque insurmontables, et peut-être nourrirait-on des illusions funestes à la santé publique, si la désinfection était faite dans de mauvaises conditions.

M. VIGNARD ne demande pas le *statu quo*, mais il voudrait qu'il y eût des étuves aux stations frontières.

M. TREILLE fait une communication sur l'*hygiène du colon et du soldat en Algérie.*

Les insolations et les fièvres palustres ne sont pas, comme on pourrait le croire, les plus grands ennemis de la santé de nos soldats en Algérie. Les décès par ces affections sont en somme très rares. La maladie à laquelle ils succombent le plus est la fièvre typhoïde; eh bien, on pourrait diminuer les ravages qu'elle exerce, en assainissant les locaux d'une façon parfaite, et en fournissant une eau potable absolument pure. D'autre part, il ne faut cesser de prémunir soldats et colons contre les abus d'alcool et d'absinthe auxquels ils se laissent trop souvent entraîner et ces habitudes néfastes sont certainement pour eux beaucoup plus préjudiciables que le climat.

M. Devillers (Paris) lit une note *sur l'inconvénient des fêtes foraines.*

Les fêtes foraines constituent un véritable danger pour la santé publique. Il suffit d'avoir visité ces installations de bohémiens qui s'accumulent à certaines époques, dans différents quartiers de Paris, pour être convaincu qu'il ne s'agit pas d'un danger illusoire. Il y règne une malpropreté extraordinaire, les débris ménagers y restent amassés, les déjections, souvent, s'y rencontrent un peu partout, et il se dégage de ces milieux des odeurs absolument infectes.

Outre cela, outre les dangers que présentent les exercices auxquels on se livre dans ces fêtes, on ne peut les regarder non plus comme des écoles de moralité. M. Devillers propose donc qu'on relègue les fêtes foraines en dehors des grandes villes.

Ce vœu est adopté.

M. Simon lit une note sur la *désinfection de la literie.*

Il dépose les conclusions suivantes :

1° *Le nettoyage et le cardage des objets de literie souillés par les malades seront interdits sur la voie publique;*

2° *Ces divers objets seront exclusivement, et sous la surveillance de la police, épurés par la vapeur à 120°;*

3° *Dans chaque arrondissement un service spécial pourvu d'appareils d'épuration et de désinfection sera créé à ce propos;*

4° Pour faciliter l'application de cette réglementation, les médecins seront tenus de faire la déclaration des maladies contagieuses.

M. Peyron, directeur de l'Assistance publique à Paris. — Le département de la Seine est entré dans la voie indiquée par M. Simon. Six étuves à désinfection fonctionnent dans les hôpitaux; le public est appelé à bénéficier de ce service, et un nouveau projet est à l'étude.

M. Rabot (de Versailles) rappelle que la ville de Versailles a installé un service de désinfection pour les hôpitaux et les indigents. M. Rabot a demandé en outre que les médecins de l'état civil soient obligés de faire la délaration des maladies contagieuses et que les mesures de désinfection soient prises d'office pour les indigents ou les gens habitant en garni. Ces demandes ont été favorablement accueillies.

M. de Valcourt (Cannes) insiste sur la nécessité de déclarer les cas de maladies contagieuses.

M. Smith (Londres) donne des détails sur la façon dont les choses se passent en Angleterre. Une personne qui loue un local qui n'aurait pas été désinfecté après un cas de fièvre éruptive peut être condamnée à 125 francs d'amende et à la prison. Cette loi a été bien accueillie en Angleterre; on y est d'accord aussi pour demander la notification de ces maladies contagieuses, mais on ne l'est pas pour savoir à qui en incombe le devoir: au médecin, aux parents ou au propriétaire.

M. Pacchiotti (Turin). — En Italie, la loi oblige les médecins à cette déclaration; le secret professionnel ne saurait être invoqué.

M. Félix. — A Bucarest, dans les hôtels, la déclaration est obligatoire. Au reste, il ne faut pas toujours s'adresser à l'administration; il faut répandre partout les préceptes de l'hygiène.

M. Dind (Lausanne). — Dans le canton de Vaud, les médecins sont tenus de déclarer les cas de maladies contagieuses. Il croit aussi qu'il faut vulgariser les procédés de désinfection, même parmi les médecins.

M. Vignard insiste sur l'ignorance du public et des médecins en hygiène; il demande que la section émette le vœu que la diffusion des principes d'hygiène dans le public soit poussée avec activité.

M. Kuborn constate que la loi belge est muette au point de vue de la déclaration. L'ignorance et l'insouciance des municipalités les empêchent de se servir des lois existantes; à Bruxelles, il est vrai, les médecins sont tenus à la déclaration. On a proposé de rendre solidairement responsables de la déclaration, en Belgique, les chefs de famille, les parents, les tuteurs et au besoin le médecin traitant.

M. Lardier demande que l'obligation de la déclaration des maladies contagieuses soit inscrite dans la loi.

MM. Martin et Treille sont d'avis que l'on ne fixe pas de procédé de désinfection, mais qu'on en demande un qui soit efficace.

Les conclusions 1, 2 et 3 de M. Simon sont adoptées; la 4e est réservée.

La séance est levée.

Séance du soir. — La séance est ouverte à 2 heures sous la présidence de M. Arnould et la vice-présidence de M. Sidky-bey.

M. A.-J. Martin (de Paris) fait une communication *sur la réforme de la législation sanitaire.* Il croit qu'une réforme dans la législation sanitaire s'impose et qu'il faut donner surtout aux communes ou au département la possibilité de faire exécuter des travaux d'urgence. Trop souvent les mesures sanitaires sont négligées parce que nul ne veut ou ne peut en assurer la responsabilité et qu'il n'y a pas de fonds pour en supporter la dépense.

L'orateur demande en conséquence :

1° Que les dépenses sanitaires soient comprises parmi les dépenses obligatoires au budget des communes et des départements ;

2° Que la déclaration des cas de maladie transmissible nettement spécifiés soit régulièrement faite par toutes les personnes qui en ont connaissance, notamment par les médecins ;

3° Que la loi devra indiquer, parmi les mesures à prendre en matière de salubrité des habitations, celles qui sont urgentes et celles qui peuvent être différées ;

4° Dans le premier cas, alors que l'urgence a été déclarée par une délibération expresse du conseil ou de la commission compétente, c'est-à-dire en temps d'épidémie, d'inondation, d'incendie ou de danger public et lorsque la salubrité immédiate de l'habitation est intéressée, les mesures de première nécessité ne subiront aucune lenteur;

5° L'autorité qui, en pareil cas, encourt toute responsabilité légale, doit être mise immédiatement en demeure d'agir et les représentants de l'État, c'est-à-dire les préfets et au besoin le ministre doivent être aussitôt mis à même de surveiller à tous les degrés de leurs hiérarchies respectives et conformément aux prescriptions légales, l'exécution des mesures prescrites ;

6° Dans tous les autres cas, il n'y aurait aucun inconvénient à accorder les délais nécessaires pour procéder à des examens contradictoires et affirmés devant la juridiction administrative ou judiciaire, suivant les cas, mais non sans que cette juridiction ait pris l'avis du conseil ou de la commission dont la délibération est l'objet de ce recours.

Après une discussion à laquelle prennent part MM. Drouineau, Arnould, Martin, la section adopte les conclusions ci-dessus.

M. Guillemin (de Rouen) lit une note *sur la réorganisation des services de la vaccine en France.*

On a beaucoup parlé d'une loi prescrivant l'obligation de la vaccine. Je crois qu'il y a mieux à faire que d'édicter une loi semblable. Avant d'obliger les gens à se faire vacciner, il faudrait d'abord établir des services de vaccine; sauf de rares exceptions, ce service n'existe en France que dans quelques grandes villes. Dans les petites villes il est souvent difficile de se faire vacciner gratuitement, et dans les campagnes la chose est à peu près impossible. Avant d'imposer l'obligation, il faut songer à l'organisation. Il faut créer des sources de vaccin, former un cadre de vaccinateurs; puis je voudrais, avant même qu'on votât l'obligation, qu'on essayât de faire pénétrer peu à peu la vaccine dans les mœurs, en exigeant, par exemple, des certificats de vaccine pour toutes les écoles et pour toutes les administrations.

M. Arnould. — Dans l'armée, nous pratiquons la vaccination obligatoire, et au nom de la liberté, je demande l'obligation pour tout le monde. A Amiens, nous avons eu cinq cas de variole dans l'armée, et ces cinq cas nous les devons à la population civile. Ces cinq cas se sont en effet développés à l'intérieur de l'hôpital après qu'il nous était arrivé des varioleux de la ville.

M. Proust. — Je suis d'accord avec M. Arnould sur la nécessité de rendre la vaccination obligatoire. Les résultats obtenus en Allemagne, par exemple, ne nous laissent aucun doute sur l'urgence d'une mesure semblable. En 1870, la vaccination était obligatoire dans l'armée allemande et, pendant que nous perdions plusieurs milliers d'hommes par la variole, l'armée prussienne, beaucoup plus nombreuse, ne comptait que 134 morts du fait de cette affection. Depuis 1874, l'obligation de la vaccine est étendue à la population civile, et un seul cas de variole a été observé depuis lors dans l'armée.

L'obligation de la vaccination entraîne nécessairement l'organisation d'établissements de production de vaccin, et nous ne pouvons penser à employer un autre vaccin que le vaccin animal qui, d'un côté, offre toute sécurité aux familles et, d'un autre, peut être fourni en quantité considérable. Nous possédons déjà quelques centres de production, mais il est de toute nécessité de les multiplier.

M. Félix. — L'expérience nous démontre aujourd'hui que la vaccination n'est pas suffisante; c'est pourquoi je serais d'avis de demander aussi la revaccination obligatoire.

M. Janssens. — A Bruxelles, nous possédons un institut vaccinal où l'on produit, à peu de frais, des quantités considérables de vaccin animal. Ce vaccin est expédié sur simple demande à tous les médecins. Pour un pays comme la France, cinq ou six établissements de ce genre suffiraient.

L'ordre du jour appelle ensuite la suite de la discussion du rapport de M. Proust *sur l'assainissement des ports* :

M. Smith (Londres) constate que les trois premières conclusions du rapport ont été votées à l'unanimité; la quatrième, ainsi formulée : *c'est seulement lorsque les ports seront assainis que l'on pourra songer à la suppression des dernières entraves quarantenaires* n'a pas réuni l'unanimité des voix; elle implique, en effet, la reconnaissance de l'utilité des quarantaines, contre lesquelles il a toujours protesté.

M. Vignard s'associe à l'opinion de M. Smith.

Après une discussion à laquelle prennent part MM. Fleury, Guillemin, Sidky-bey, Drouineau, M. Proust rappelle que les mesures en vigueur aujourd'hui ont été votées au Congrès de Rome par toutes les puissances qui y étaient représentées ; il n'y a eu qu'une voix discordante, celle de l'Angleterre. « J'ose dire que les intérêts commerciaux ont été ménagés le plus possible, et nous nous sommes bornés à prescrire les précautions indispensables pour nous préserver de l'invasion du choléra, de la fièvre jaune ou de la peste. L'Angleterre sait elle-même prendre des précautions du même genre dans certaines occasions ; nous en avons eu un exemple en 1885. Au fond, je crois que nous sommes tous à peu près du même avis ; si l'expression « précautions quarantenaires » effraie M. Smith et M. Vignard, je consens très volontiers à la remplacer par une autre équivalente, telle que « mesures restrictives » par exemple. »

La section adopte cette nouvelle rédaction.

M. Farinha (Brésil) lit une note sur l'*hygiène au Brésil.*

Il appelle l'attention de la section sur le nouveau règlement sanitaire de 1886. On a créé un laboratoire pour l'analyse des substances alimentaires, un service de démographie, un inspectorat d'hygiène, on a nommé des médecins délégués de l'inspectorat général partout où il le fallait ; enfin on étudie l'étiologie et la prophylaxie de la fièvre jaune.

La séance est levée.

Vendredi 9 aout.

Section II. — *Séance du soir.* — M. Fischer (de Chaillevois) lit une note sur les *mesures de salubrité à prendre dans les abattoirs* et sur l'*utilisation agricole et hygiénique des déchets des abattoirs.*

M. Fischer dépose les conclusions suivantes :

1° Que dans tous les abattoirs le sang et les matières animales devant être utilisés en engrais soient promptement soumis à un traitement désinfectant et rendus imputrescibles ;

2° Que la législation soit revisée de telle sorte que les conseils d'hygiène puissent faire imposer dans ces établissements insalubres existant en vertu d'autorisations anciennes l'application de mesures pratiques hygiéniques conformes aux progrès de la science et pouvant amener un état sanitaire meilleur.

M. Fischer résume ensuite un second mémoire sur l'*assainissement des eaux insalubres avant leur projection dans les égouts.*

Il demande que le congrès émette le vœu que l'amendement au budget de l'agriculture, présenté par M. Barbe, et tendant à demander 200,000 francs pour permettre l'étude de l'épuration et de l'utilisation des eaux insalubres, soit repris et adopté dans la prochaine législature.

M. Jourdan (de Paris) donne lecture d'un mémoire sur l'*assainissement des habitations et des voies privées dans la ville de Paris.*

En matière d'assainissement des maisons, l'intervention de l'administration se manifeste par voie de règlementation préventive pour les maisons à construire et par voie de règlementation et d'injonctions individuelles pour les maisons existantes.

M. Jourdan donne tous les arrêtés et textes de lois régissant la matière. Il communique également le texte du projet de règlement concernant la salubrité intérieure des maisons de Paris, préparé par l'administration sur la proposition et avec le concours de la commission des logements insalubres.

Ce règlement s'occupe des fosses d'aisances, fixes ou mobiles; des cabinets d'aisances, du chauffage et de l'éclairage; de l'écoulement des eaux pluviales et ménagères; des puisards, des trous à fumier, des réservoirs et pertes d'eau; du recolement des constructions et de l'entretien de propreté des bâtiments.

La commission des logements insalubres à Paris a rendu de grands services, mais ils auraient été plus considérables avec une meilleure loi.

M. Jourdan parle ensuite de l'assainissement des voies privées existant à Paris au nombre de 900 et plus; par une ordonnance du 21 mars la préfecture de police a imposé certaines conditions de salubrité dans les voies privées, mais cela ne suffit pas; aussi la préfecture de la Seine a-t-elle préparé un projet dont l'adoption assurerait la salubrité de ces voies privées en les assimilant aux voies publiques.

M. Jourdan demande à la section d'émettre le *vœu que la loi du 13 avril 1850 soit réformée.*

La séance est levée.

Section IV. — La séance est ouverte à 2 heures sous la présidence de M. Corfield.

L'ordre du jour appelle la discussion du rapport présenté par MM. *Arnould* et *Martin* sur la cinquième question : la *protection des cours d'eau et des nappes souterraines contre la pollution par les résidus industriels.*

M. Arnould dans la partie du rapport qui est son œuvre ne s'est occupé que des procédés d'épuration; il montre comment le problème pourrait être pratiquement résolu. Il rappelle combien les eaux et les nappes souterraines peuvent être souillées par les déchets industriels. Il prend comme exemple le département du Nord, sillonné par un grand nombre de cours d'eau d'un débit modéré et de faible pente, qui tous ont attiré des industries sur leurs bords. Il donne la composition des eaux de la Deûle, souillée par les résidus industriels de Lille; il montre comment, à Lille, la nappe souterraine est infectée par les eaux résiduaires, puis, étendant la question, il constate que partout à Paris, à Reims, à Nantes, à Limoges, à Berlin, à Breslau, à Francfort, à Wiesbaden, à Essen les cours d'eau sont pollués, et qu'il est urgent de remédier à cette pollution.

M. Arnould divise les résidus industriels en encombrants, en odorants ou colorés, en acides, en toxiques, en putrides, en infectieux. Les procédés techniques de protection des eaux publiques sont de deux ordres : ou l'industrie ne fait pas d'eaux résiduaires et, si elle en produit, elle s'abstient d'y mettre des éléments nuisibles; ou elle fait subir à ces eaux un traitement qui en transforme ou annihile les éléments dangereux, permet de les extraire ou de les fixer et de ne rendre aux rivières et aux nappes qu'une eau absolument inoffensive. M. Arnould fait successivement l'exposé des diverses méthodes qui ont pour but d'amener l'innocuité de ces eaux résiduaires, c'est-à-dire la substitution d'agents inoffensifs aux agents dangereux dans les opérations industrielles, l'exploitation industrielle des résidus, leur enfouissement, leur dénaturation et neutralisation, leur décantation, leur épuration chimique et mécanique, leur épuration par le sol.

Il dépose les conclusions suivantes :

I. — La projection de résidus industriels, gênants ou dangereux, dans les cours d'eau, doit être interdite en principe. Il en est de même de leur introduction dans les nappes souterraines, soit par des puits perdus, soit par des dépôts à la surface du sol, soit par des épandages agricoles mal conçus et exécutés sans méthode.

II. — Les eaux résiduaires d'industrie peuvent être admises dans les cours d'eau et nappes, toutes les fois qu'elles auront subi un traitement entraînant la garantie qu'elles ne mêleront aux eaux publiques aucune matière encombrante, putride, toxique ou infectieuse ; ni quoi que ce soit qui en change les propriétés naturelles.

III. — L'épuration des eaux d'industrie doit être imposée. Elle sera exécutée selon des modes appropriés à chaque industrie.

IV. — L'épuration par le sol est le procédé actuellement le plus parfait que l'on puisse appliquer aux eaux résiduaires des industries qui travaillent des matières organiques. Elle peut toujours et doit quelquefois être combinée à des opérations mécaniques ou chimiques, qui assurent la neutralisation des eaux et les préparent à l'absorption par le sol.

L'irrigation méthodique avec utilisation agricole est la meilleure manière d'exploiter les propriétés assainissantes du sol.

M. A. MARTIN présente son rapport complémentaire.

Pour assurer la mise à exécution des procédés d'épuration recommandés par M. Arnould, il fait intervenir les pouvoirs publics. La loi du 16 septembre 1807 est suffisante pour assurer cette épuration ; lors de l'épuration des eaux de l'Espierre c'est la loi même de 1807 qui a été invoquée et qui a permis de mener à bien les travaux, ainsi que le dit du reste le décret du 22 février 1887 relatif à l'assainissement de l'Espierre. En conséquence, M. Martin demande que l'on ajoute aux conclusions de M. Arnould la cinquième proposition suivante :

V. — Les procédés imposés par l'administration pour empêcher la pollution des cours d'eau et des nappes souterraines par des résidus industriels doivent être, en cas de refus persistant de la part des intéressés, mis à exécution d'office, dans les conditions spécifiées aux articles 35, 36 et 37 de la loi du 16 septembre 1807.

La section décide que les deux rapports ne seront pas disjoints et qu'on les discutera ensemble.

M. FAUCHER (Lille) appuie les conclusions de M. Arnould. Quoique M. Martin ait paru avoir quelques hésitations relativement à la quatrième proposition concernant l'épuration par le sol, M. Faucher est d'avis que les exemples de cette épuration, qu'il a pu observer dans le Nord, lui font donner sa pleine adhésion à cette quatrième proposition. Il votera, du reste, aussi celle de M. Martin.

M. THIBAUT, tout en approuvant les conclusions des rapporteurs, craint qu'on ne puisse appliquer efficacement celle de M. Martin. Il demande que l'on remplace dans le texte les mots de *procédés imposés par l'administration* par ceux de *prescriptions imposées par l'administration.*

M. LIVACHE (Paris) craint que la cinquième proposition ne soit délicate à appliquer. Au point de vue des établissements régis par le décret du 15 octobre 1810, il hésite à engager l'administration et à lui imposer une aussi lourde responsabilité que de faire exécuter des travaux d'office pour empêcher la pollution des cours d'eau et des nappes souterraines. Dans le cas où les procédés d'épuration seraient mal connus ou qu'ils n'auraient pas le succès qu'on en attend, les industriels n'en laisseraient-ils pas la responsabilité à l'administration ? M. Livache croit que les mesures actuelles de répression, et en plus des demandes en dommages-intérêts devant les tribunaux par les voisins ou les communes lésées suffiraient.

MM. Martin, Faucher et Arnould maintiennent qu'il ne peut y avoir que des avantages à réclamer l'application de la loi de 1807, les moyens de répression tuant souvent les établissements en provoquant leur fermeture.

M. Livache propose alors de modifier comme suit la cinquième proposition :

En cas de pollution des cours d'eau et des nappes souterraines par des résidus industriels résultant de l'inexécution des prescriptions imposées par l'administration, les travaux de salubrité nécessaires pourront être ordonnés par le gouvernement, en vertu de la loi du 16 septembre 1807. Les dépenses seront supportées par les communes intéressées ; celles-ci ayant recours contre les auteurs de la contamination, en vertu de l'article 36 de la loi du 16 septembre 1807 et de l'article 11 du décret du 15 octobre 1810.

Les conclusions de M. Arnould et la proposition de M. Martin, ainsi modifiée, sont adoptées à l'unanimité.

Sur la proposition de MM. *Fischer* et *Maignen*, la section émet le vœu que des *subsides soient votés par les gouvernements intéressés pour l'étude des moyens d'épuration et d'utilisations des vidanges et eaux insalubres.*

Mme Tkatscheff (de Russie) lit un long mémoire sur l'*hygiène des ouvriers en Russie*, dans lequel elle trace un tableau navrant des conditions physiques et hygiéniques dans lesquelles vit l'ouvrier russe. Mal payé, mal logé, mal nourri, mal soigné quand il est malade, il appartient au patron auquel il s'est engagé. La promiscuité la plus déplorable, la plus hideuse saleté règnent dans ces casernes industrielles où l'on entasse dans des salles qui pourraient à peine contenir 20 personnes, jusqu'à 60, 80 et 100 individus.

Aussi les maladies contagieuses y font rage.

La condition des femmes est aussi triste; la femme enceinte n'y est pas protégée et on exige des enfants autant de travail que des hommes.

A la suite de cette communication, la section, sur la proposition de M. Smith (de Londres), émet le vœu que les délégués russes soumettent au prochain Congrès d'hygiène et de démographie, qui aura lieu en 1891 à Londres, un rapport sur le résultat des nouvelles lois pour la protection du travail.

Elle émet ensuite un second vœu en faveur de l'amélioration matérielle des classes ouvrières en Russie.

La séance est levée.

SECTION VI. — La séance est ouverte à 2 heures, sous la présidence de M. G. Pouchet.

M. MAIGNEN fait une communication sur le *filtrage des eaux potables*, qu'il accompagne de démonstrations pratiques au moyen du filtre de son invention.

MM. POUCHET, MÉRAN (de Paris), HAUSER (de Madrid), DUCHENNE (de Liège) sont unanimes pour trouver que le filtre de M. Maignen n'a pas les qualités que lui reconnaît son inventeur, et qu'il ne donne qu'une sécurité trompeuse.

M. LE PRÉSIDENT pense qu'il n'y a pas lieu de voter des conclusions, la question restant entière et devant être maintenue à l'ordre du jour.

M. GIRARD (de Reims) lit un mémoire sur l'*inspection des viandes de boucherie dans les villes et les campagnes*.

Il résume les règlements existants et montre combien l'hygiène publique est intéressée à cette question. Il a en 1886 adressé une note à M. le maire de Reims tendant à prouver la nécessité de créer une inspection de l'abattoir, des viandes foraines, des foires et marchés, des étaux de boucherie et charcuterie en ville. M. Henrot a donné satisfaction à cette demande; l'abattoir est surveillé, et pas un boucher ne peut faire entrer de la viande en ville sans en avoir fait une déclaration à la mairie, déclaration qui ne peut être prêtée ni cédée, sous peine de retrait immédiat. L'inspecteur est en communication constante avec le préposé chef de l'octroi. Depuis, on ne vit plus à Reims de veaux trop jeunes ou mort-nés, des animaux tués *in extremis*. Le règlement a préservé les habitants de viande mauvaise ou atteinte de maladies transmissibles à l'homme. M. Girard formule le vœu suivant : *La loi du 5 avril 1884 armant les maires contre le débit illicite de viandes insalubres, la sixième section du con-*

grès émet le vœu qu'une organisation pareille à celle de Reims fonctionne dans tous les départements.

M. Dupin (de Toulouse) appelle l'attention sur les difficultés que rencontreraient les pouvoirs administratifs ; il existe des bouchers fixés et des bouchers ambulants. Le maire de Toulouse a dû, cet été, défendre la vente des viandes par les marchands ambulants ; il s'est heurté à des réclamations telles qu'il a fallu toute son énergie pour maintenir son arrêté.

M. Pouchet croit que la destruction immédiate des viandes mauvaises serait préférable ; mais c'est un moyen draconien, difficile à obtenir.

La section émet *le vœu que la surveillance des boucheries devienne uniforme sur tout le territoire, qu'un service de surveillance soit organisé dans les villes qui n'en ont pas et surtout dans les campagnes.*

M. Pabst (de Paris) fait une communication sur les *sirops de glucose.*

Le sirop de glucose entre dans la composition des sirops et des liqueurs. Il renferme plus de dextrine que le glucose massé, et les dextrines obtenues par les acides, tels que ceux qui servent à faire le glucose, n'ont pas les mêmes qualités chimiques que celles obtenues par la diastase.

M. Pabst demande que l'on exige du glucose destiné à l'alimentation une pureté équivalente à celle qu'on demande au sucre de canne et de betterave, où on n'admet pas plus de 1 p. 100 d'impureté. Le sirop de glucose doit être vendu comme pur, les sirops riches en dextrine, comme sirops de dextrine, enfin la dénomination vague de sirop de fantaisie devrait être remplacée par une indication plus en rapport avec la nature véritable des matières organiques ajoutées ou employées.

M. Denaeyer se plaint de la tolérance coupable des autorités et demande que le Congrès émette un vœu en ce sens.

M. Treille constate que l'on a des précédents : c'est ainsi qu'il est défendu de vendre de la margarine pour du beurre, et du vin, sous le nom de vin, s'il n'est pas fait avec du raisin. Le Parlement n'hésitera pas à agir de même pour le glucose.

M. Pouchet appuie la proposition de M. Denaeyer en ajoutant

qu'il serait désirable que les flacons fussent munis d'étiquettes indiquant la composition du liquide qu'ils contiennent.

M. Denaeyer formule le vœu suivant : *Le Congrès émet le vœu de voir la législation déterminer que le produit vendu par les négociants porte une étiquette mentionnant la composition du produit vendu.*

M. Van Hamel Roos. — Il est impossible de mettre sur une étiquette la composition d'un produit. Il vaut mieux que l'étiquette porte cette mention : *artificiel, ne contenant pas de substances nuisibles à la santé.*

La section adopte le vœu de M. Denaeyer, ainsi modifié.

M. Alliot (de Meung-sur-Beuvron) lit un long mémoire sur l'*influence de l'alimentation animalisée sur la santé morale et physique.*

M. Denaeyer fait une communication sur l'*analyse des eaux potables.*

Son intention est de rappeler les imperfections des procédés actuellement en usage et adoptés par le Congrès international de Bruxelles en 1885. La culture sur plaques suivie de la numération des colonies développées est une base qui a le défaut de ne donner aucune indication précise sur la nature pathologique des microorganismes contenus dans l'eau expérimentée; il serait imprudent de condamner une eau parce qu'elle contient des microbes, sans connaître leur nature.

M. Denaeyer constate que les procédés de culture sont d'une pratique si longue et si délicate que beaucoup de chimistes renonçaient à faire l'analyse bactériologique de l'eau et que l'hygiène perd, en conséquence, le bénéfice de précieux renseignements. L'orateur a essayé de joindre à la culture sur plaques des essais physiologiques afin d'arriver à une méthode préliminaire simplifiée.

Le terrain de culture, au lieu d'être du bouillon-gélatine stérilisé, est représenté par des souris; généralement une eau infectée contient un grand nombre de microbes et détermine, chez l'animal auquel on l'injecte, des phénomènes toxiques et infectieux tellement caractéristiques qu'ils font naître l'indication d'une analyse bactériologique de l'eau. Les cultures sur plaques et en tubes deviennent alors des moyens de contrôle précieux. Les caractères morphologiques et l'examen microscopique des colonies joints aux résultats de l'injection donnent un ensemble de conclusions qui fixe l'opinion de l'hygiéniste.

L'orateur a employé cette méthode pour une eau contenant le bacille typhique. L'inoculation a été mortelle pour tous les animaux en expérience, et les résultats ont été contrôlés par des cultures, des analyses des colonies et des inoculations nouvelles.

M. Denaeyer a voulu attirer l'attention du Congrès sur l'opportunité qu'il y aurait à arriver à la simplification des procédés de culture et à adopter un procédé pratique, rapide, permettant à tout hygiéniste d'apprécier une eau au point de vue bactériologique. Il dépose le vœu suivant :

Le Congrès d'hygiène et de démographie émet le vœu de voir le prochain Congrès d'hygiène reprendre l'étude bactériologique des eaux alimentaires, surtout au point de vue de la simplification des procédés techniques destinés à démontrer la nature pathogène des microorganismes qui y sont contenus.

M. Félix demande si on a fait l'examen anatomo-pathologique des souris. Le fait de la mort des souris ne prouve rien. Du reste il ne croit pas que le Congrès puisse formuler une loi à cet égard : ce sont les savants qui doivent résoudre la question dans leur laboratoire.

M. Denaeyer répond que les souris ont été examinées; il demande simplement que la question fasse l'objet d'un rapport au prochain Congrès.

M. Mosny (Paris). — Un microbe, pathogène pour les animaux, ne l'est pas forcément pour les hommes. De tous les procédés appliqués à l'analyse bactériologique de l'eau, celui des cultures sur plaques est le plus exact, le plus sûr et le plus complet : il présente de grandes difficultés, difficultés de culture et difficultés de diagnostic, mais c'est un procédé bien autrement rigoureux que celui de l'injection d'une eau potable à des animaux, injection qui peut prouver tout au plus que cette eau est pathogène ou ne l'est pas pour telle espèce employée pour l'expérience.

La culture sur plaques reste donc le procédé le plus sûr, quoique tout ne soit pas dit sur l'analyse bactériologique de l'eau potable.

M. DENAEYER a abandonné la culture sur plaques, ainsi que M. le Dr Petresco (de Bucarest) qui a trouvé un nouveau procédé de recherches bactériologiques au moyen de la teinture de tournesol ajoutée à la gélatine stérilisée. Il demande qu'on expérimente son procédé d'injection et qu'on en fasse un rapport au prochain Congrès.

M. TREILLE prie la section de ne pas se prononcer sur la question. La discussion ne saurait aboutir. La section VI sortirait de ses attributions en s'occupant de questions bactériologiques. C'est affaire à la section III et il engage l'orateur à lui apporter sa communication; mais il ne croit pas qu'elle y réponde avantageusement, car les hygiénistes se servent de la bactériologie pour en constater les résultats, mais ils n'en font pas.

M. DUPIN (de Toulouse) propose l'amendement suivant à la proposition de M. DENAEYER.

La section, considérant les difficultés existant actuellement au point de vue bactériologique de l'examen des eaux potables, émet le vœu que les hygiénistes recherchent les moyens pratiques pour arriver à un résultat certain et rapide.

M. Denæyer se rallie à cet amendement. M. TREILLE demande le *renvoi de la proposition à la IIIe section.*

La discussion s'engage sur ces deux propositions; le vœu de M. Treille n'est pas adopté.

M. POUCHET propose un nouvel amendement; *une commission élue dans le sein de la VIe section est chargée d'étudier la question.*

Cet amendement n'est pas adopté.

M. MOSSÉ demande que le mot *bactériologique* ne figure pas dans le vœu de MM. Dupin et Denaeyer.

M. DUPIN modifie le texte de son vœu en ce sens.

M. TREILLE s'oppose à l'adoption de la proposition; le Congrès est une réunion d'hygiénistes qui ne peuvent s'immiscer dans des questions de chimie et de bactériologie pas plus que dans des questions de mécanique ou de physique.

La section rejette la proposition de MM. Denaeyer et Dupin.

Après la communication de M. Thibaut sur *la falsification des médicaments*, la séance est levée à 4 h. 30.

Samedi 10 aout.

Section I. — La séance est ouverte à 9 heures du matin sous la *présidence* de M. Roussel ; MM. Pamard et Laurent, *vice-présidents.*

Cette séance est réservée à la discussion des modifications que la section juge opportun d'introduire dans le texte de la loi et la protection de la première enfance (loi Roussel).

M. Ledé (de Paris) lit un mémoire sur les résultats de la *protection des enfants du premier âge dans le département de la Seine, de 1879 à 1889.*

M. Love (de Paris) demande si les chiffres relatifs à l'élevage au sein et à l'élevage au biberon sont constatés d'après l'élevage réel ou sur la déclaration d'envoi. Dans les dispensaires on voit toujours un grand nombre d'enfants athrepliques qui reviennent de nourrice ; presque tous devaient être élevés au sein ; on ne leur a pas même donné le biberon, mais la soupe.

M. Ledé dépose les conclusions suivantes :

1° *L'application de la loi de protection des enfants du premier âge a eu comme suprême bienfait de diminuer la mortalité des enfants en nourrice ;*

2° *Cette mortalité a surtout diminué chez les enfants placés loin du domicile de leurs parents ;*

3° *Un enfant a d'autant plus de chances de survivre, qu'il est placé chez une nourrice au sein, à la condition que le placement soit fait peu après la naissance ;*

4° *L'élevage au biberon est d'autant plus nuisible pour un enfant que le mode d'élevage est pratiqué à une époque plus rapprochée de la naissance;*

5° *Cette mortalité des enfants élevés au biberon tient surtout à l'emploi du biberon à long tube et aux mauvaises conditions du voyage de Paris au lieu d'élevage;*

6° *L'interdiction du biberon à long tube est nécessaire. Les bureaux de placement de Paris devraient munir les nourrices d'un biberon sans tube, au départ de Paris. Cette dernière mesure diminuerait encore la mortalité et sauvegarderait tous les ans l'existence de beaucoup d'enfants de Paris.*

M. Jenot regrette que M. Ledé n'ait pas noté la différence dans la mortalité des enfants de zéro à trois jours atteints de faiblesse congénitale.

En outre la mortalité varie suivant la surveillance exercée dans les circonscriptions et suivant les communes où sévissent plus particulièrement des épidémies.

M. Lemonnier (délégué de la chambre syndicale des bureaux de nourrices de Paris) donne des détails sur les bureaux de nourrices, sur leur fonctionnement et sur les réformes que la chambre syndicale voudrait accomplir. Il est d'avis de modifier le paragraphe 2 de l'article 8 de la loi Roussel. Il demande que ce soit un médecin d'arrondissement seul qui examine les nourrices et leur délivre un certificat.

M. Jenot constate que la loi Roussel a plongé les bureaux de nourrices dans le désarroi. Il s'oppose à ce que l'on change les garanties des nourrices exigées par le certificat de santé, et qu'un médecin d'arrondissement soit seul chargé de donner le certificat.

M. Rouvier (de Beyrouth) pense qu'il est nécessaire de donner un complément à la loi Roussel en soumettant les vacheries à des inspections régulières et suivies. Il soumet au Congrès les propositions suivantes :

1° *Attendu que les mesures administratives concernant l'industrie laitière sont notoirement insuffisantes pour sauvegarder la santé publique, attendu que la vente d'un lait exempt de toute altération physiologique, pathologique ou frauduleuse est indispensable pour la première enfance.*

La section de l'hygiène de l'enfance du Congrès international d'hygiène et de démographie, confiante en la sollicitude du gouvernement de la République française pour tout ce qui a trait aux intérêts du pays, appelle spécialement son attention sur l'inspection régulière des vacheries et leur organisation d'après de nouveaux règlements administratifs dont la rédaction sera confiée au Comité consultatif d'hygiène publique de France ; elle émet le vœu que cette inspection soit confiée dans chaque arrondissement à une commission de trois membres, nommée par le préfet sur présentation du conseil d'hygiène, et ainsi composée : un médecin inspecteur de la première enfance, un vétérinaire et un chimiste ; et que l'on mette en vigueur, en les complétant, sur le territoire français, les diverses mesures de l'ordonnance anglaise du 15 juin 1885 et celles de l'ordonnance de l'empire allemand du 24 janvier 1884.

M. Cousyn (de Lorient) demande le maintien intégral de l'article 8 de la loi Roussel et prie ses collègues de le défendre avec lui.

M. Pamard et M. Blache demandent que les médecins aient seuls le droit de diriger et surtout d'exécuter les applications de la loi Roussel.

M. Félix, après quelques observations sur l'état de la question en Roumanie, exprime le vœu que les *enfants soient placés dans les communes seules où il est possible d'exercer une surveillance médicale incessante, que les nourrices soient mieux payées et que le biberon soit absolument supprimé.*

Après une discussion intéressante à laquelle prennent part MM. Pamard, Napias, Marbeau, Fleury (de Bourges, etc.), M. Blache demande que le médecin ait le droit d'agir avec autorité sur la salubrité des logements ; qu'il puisse décider du retrait d'office, de la vaccination et de la revaccination, et qu'il soit seul juge de la possibilité d'élever un enfant au biberon.

La section adopte les conclusions de MM. Rouvier et Blache.

Elle adopte aussi un vœu de M. Delvaille (de Bayonne) ainsi conçu :

La première section du Congrès international d'hygiène et de démographie émet le vœu que la connaissance des notions concernant l'hygiène et spécialement l'hygiène infantile qui figurent aux programmes des brevets de capacité supérieur et primaire soit réellement exigée des aspirants et aspirantes de ces brevets et qu'à cet effet des médecins figurent parmi les juges de l'examen.

La séance est levée.

SECTION III. — *Séance du matin.* — *Président*, M. G. Pouchet.

M. LARGER (de Maisons-Laffite) communique les *résultats d'une enquête sur l'étiologie d'une épidémie de tétanos à Maisons-Laffite.*

Il conclut à un caractère évidemment contagieux de la maladie.

M. LEROY DES BARRES (Saint-Denis) cite à l'appui de cette théorie un cas de contagion observé l'an dernier à l'hôpital de Saint-Denis : Un premier malade entre à l'hôpital avec une fracture compliquée de plaie du bras. Il est pris de tétanos. Un second malade entre, quand le premier est guéri, avec une plaie insignifiante et est couché dans un lit voisin. Il prend le tétanos et meurt. La contagion seule peut être invoquée ici.

M. GALLOPAIN (de Bar-le-Duc) lit une note sur une *épidémie d'entérocolite à l'asile d'aliénés de Pierrefeu* (*Var*).

M. Gallopain étudie d'abord les lésions anatomiques, les symptômes et les causes de cette épidémie qui a éclaté d'une façon assez soudaine.

Les lésions étaient celles de l'entérocolite ; le gros intestin, chez tous les malades qui ont succombé, était rempli de trichocéphales. Les symptômes étaient ceux de la dyssenterie. Les selles, quelquefois sanglantes, contenaient aussi des trichocéphales.

On chercha longtemps les causes de cette épidémie. Le premier cas eut lieu le 13 janvier 1888, chez un aliéné entré depuis un mois à l'asile. A partir de ce moment il y eut toujours, sauf en mai 1888, plus ou moins de malades, surtout de juin à septembre 1888 et de décembre 1888 à mars 1889. En quinze mois 137 aliénés (plus de la moitié), 17 employés et une personne habitant l'asile mais n'ayant aucun contact avec les malades furent atteints. Il n'y avait pas d'épidémie en dehors de l'asile. Comme elle coïncidait avec les empoisonnements d'Hyères, les denrées alimentaires furent analysées, mais sans résultats.

L'orateur attribue cette épidémie au genre de culture

maraîchère du Var où on arrose les terrains avec les matières fécales, soit au moyen de rigoles, soit directement en délayant les matières dans un bassin et en les distribuant ensuite avec un arrosoir ou une pompe sur les plantes mêmes. On supprima l'usage des légumes ainsi cultivés et l'épidémie cessa.

M. POUCHET. — Cette communication prouve que l'emploi des matières fécales dans la culture maraîchère n'est pas aussi inoffensif qu'on le dit.

M. DUBOUSQUET-LABORDERIE (de Saint-Ouen) lit une étude sur *les causes de décès par maladies épidémiques et contagieuses dans la commune de Saint-Ouen* et *sur les mesures de prophylaxie*.

L'orateur énumère les maladies, puis il demande la réforme complète des lois, décrets et ordonnances qui régissent l'hygiène publique, surtout en ce qui concerne les logements insalubres et tous les établissements pouvant nuire à la santé publique; il demande que la déclaration des maladies épidémiques et contagieuses soit rendue obligatoire; que l'inspection et l'hygiène scolaires soient réglementées plus sévèrement; que la population soit instruite au moyen de conférences et de cours publics et de brochures distribuées par les mairies.

M. VIGNARD appuie ces conclusions : l'instruction hygiénique de la population est urgente.

M. VIVANT (Monaco) désire que l'annonce des cas de maladies contagieuses, la désinfection après ces maladies et le maintien de médecins sanitaires dans les villes de 10,000 habitants au moins soient rendus obligatoires. Ces médecins sanitaires seraient chargés des vaccinations, de la statistique des maladies contagieuses, des mesures d'isolement, de la désinfection, de la surveillance des égouts.

La section adopte les vœux de M. Dubousquet-Laborderie.

M. LAUGIER (Paris) lit un mémoire sur *l'épidémie de choléra à Sainte-Pélagie en* 1884.

M. CHERENBACH (de Bucarest) fait une communication sur

les asiles ou stations climatériques pour les tuberculeux, comme meilleur moyen de leur traitement rationnel et la plus sûre prophylaxie pour enrayer l'extension de ce fléau.

Convaincu que l'entassement des tuberculeux dans les hôpitaux est désastreux, que les antiseptiques les plus puissants ne sont pas en état de préserver des atteintes du bacille de Koch, l'orateur dépose les conclusions suivantes :

« Chassez les tuberculeux de nos hôpitaux; chassez-les loin de nos cités; chassez-les aussi loin que possible des grands centres de population, à l'air pur et bienfaisant des montagnes, dans un climat doux, tempéré l'hiver et l'été, et travaillez auprès de vos gouvernements, *pour la création des hôpitaux spéciaux, au creux des montagnes, des stations climatériques permanentes ou des asiles pour nos pauvres tuberculeux*, ces vrais parias de la société moderne, et vous gagnerez un nouveau titre à la reconnaissance des populations pauvres. »

La section adopte ces conclusions à l'unanimité.

M. Brémond fils lit une note sur l'*importance du traitement térébenthiné dans la richesse du sang en oxyhémoglobine, la durée de sa réduction et l'activité de sa réduction chez les anémiques.*

M. André (de Toulouse) lit un mémoire sur les *rapports de l'ozone avec les bactéries de l'air.*

La séance est levée à quatre heures.

Section IV. — *Séance du matin.* — *Présidence de* M. Roth (de Londres).

M. Thibaut fait une communication sur la *fabrication de la céruse*, au moyen d'un nouveau procédé basé sur la fusion du plomb qui supprime le contact du métal et de ses vapeurs pour les ouvriers.

M. Motais lit un mémoire sur l'*hygiène de la vue chez les ouvrières et les ouvriers typographes.*

M. Dargelos (d'Aix en Provence) fait une communication *sur l'assainissement de la chapellerie par un nouveau procédé du montage.*

M. le Dr Ribaut donne lecture de deux mémoires *sur le saturnisme chez les tisserands à la main* et *sur les éruptions eczémateuses chez les teinturiers, causées par le bichromate de potasse.*

Il propose pour faire cesser le saturnisme chez les tisserands à la main de remplacer les poids en plomb par des poids en fer. Cette substitution, effectuée en Saxe et en Prusse, a supprimé une maladie professionnelle qu'il serait facile de faire disparaître en France de la même façon.

Quant aux éruptions des teinturiers, il pense qu'il faut surveiller ces ouvriers avec soin, et leur faire cesser tout travail dès qu'on a constaté la plus légère éruption.

La séance est levée.

Section V. — *Séance du matin.* — La séance est ouverte à neuf heures sous la présidence de M. Catelan (d'Alexandrie).

M. Wilmotte (de Liège), résumant une communication qu'il a déjà faite à la deuxième section sur *la création des bureaux sanitaires*, demande que la cinquième section émette un vœu tendant à *la création générale, dans toutes les villes d'Europe, de bureaux sanitaires.*

M. Arnould appuie les conclusions de M. Wilmotte, tout en reconnaissant que la question a déjà été discutée.

La section adopte les conclusions de M. Wilmotte.

M. Fleury (de Saint-Étienne) fait une communication sur *le licenciement des casernes et des lycées, en temps d'épidémie, au point de vue de l'hygiène.*

Les conclusions de l'orateur sont les suivantes :

1° *Le licenciement pour cause de maladie épidémique ou contagieuse d'une caserne, d'un lycée ou d'une agglomération similaire est un danger pour la santé publique : il y a lieu d'y recourir le moins possible.*

2° *Tout individu licencié pour cause d'épidémie ou simplement envoyé en congé, alors que le groupe auquel il appartient possède quelques cas de maladies transmissibles et épidé-*

miques, sera signalé au maire de la commune où il se rend et à l'autorité supérieure, afin qu'il soit pris, le cas échéant, toute mesure prophylactique nécessaire.

M. Dupin. — Quel moyen emploiera-t-on, si on ne licencie pas?

M. Fleury. — Si l'épidémie se déclare dans une caserne, il faut changer les troupes de caserne; et si elle se déclare dans un lycée, prévenir les autorités locales du danger qu'entraînerait le licenciement.

M. Wilmotte n'est pas partisan du licenciement; il rappelle les faits de contagion qui se sont produits en Belgique, après le licenciement des troupes atteintes de maladies contagieuses.

M. Arnould croit qu'au point de vue général, il faut faire une distinction entre les maladies contagieuses. S'il s'agit de la fièvre typhoïde, il faut faire évacuer la caserne et placer les soldats dans une localité pour ainsi dire réfractaire. L'étiologie aqueuse n'est pas la seule cause de la fièvre typhoïde. L'abandon du foyer épidémique est un moyen excellent pour empêcher la propagation de la maladie. Il n'est évidemment pas prudent de licencier, quand on a affaire à la scarlatine ou à la variole, surtout si les cas sont nombreux. On fait mieux de garder les sujets malades et de renvoyer ceux qui sont sains. Dans l'armée française, on n'envoie en congé que les malades ou les convalescents qui ne présentent plus aucun danger de contagion. Les malades et leurs vêtements sont, du reste, désinfectés avant qu'ils ne partent.

M. Cabello donne quelques détails sur une épidémie qui a sévi dans l'armée espagnole.

M. Catelan met aux voix la proposition de M. Fleury, modifiée par M. Arnould.

La cinquième section émet le vœu suivant :

Il est nécessaire de faire surveiller les malades licenciés qui ont une affection contagieuse, dans les localités où ils se rendent.

Le vœu est adopté.

M. Kuborn dépose divers documents relatifs aux services de l'hygiène publique en Belgique.

M. Dupin dépose un bulletin de statistique de la ville de Toulouse.

La séance est levée à quatre heures.

SECTION VII. — (*Démographie.*)

La section VII a tenu ses séances les lundi 5, mardi 6, jeudi 8 et samedi 10 août. Elle a discuté dans ses premières réunions le rapport de M. J. Bertillon sur la huitième question : *statistique des causes de décès dans les villes.*

M. Bertillon établit que la statistique est à la fois le guide et le juge de l'hygiéniste. Elle signale les malheurs qui frappent une population, elle sollicite l'intervention de l'hygiéniste, mais elle indique aussi si les travaux demandés par lui, si les lois qu'il a fait voter ont diminué la mortalité.

Malheureusement la statistique, dans beaucoup de villes encore, n'existe pas. Il faut, pour ouvrir les yeux du public, et par conséquent ceux de l'administration, quelque calamité épouvantable, telle que le choléra ; c'est alors seulement qu'on s'aperçoit que telle ou telle ville, et spécialement telle partie d'une ville est dans un état de malpropreté dangereux pour la santé publique, et qu'elle est depuis longtemps le rendez-vous de toutes les maladies épidémiques. Il a fallu le choléra à Naples, le choléra à Marseille, pour qu'on songeât à l'insalubrité de ces grandes cités et pour qu'on s'aperçût de la nécessité de les assainir. Cependant si l'on avait consulté la statistique, on aurait su depuis longtemps qu'il s'y faisait une consommation exagérée d'existences humaines, et on aurait remédié plus tôt à une calamité que l'on ignorait uniquement parce qu'elle était permanente.

Le rapporteur montre ensuite comment, à l'aide de la statistique on peut délimiter, sur un territoire les régions, dans une ville, les quartiers qu'il faut assainir. Le comité consultatif d'hygiène de France a reconnu la nécessité d'établir sur tout le territoire français un système d'avertissements statistiques ; ce service qui ne fonctionne que depuis deux ans a déjà rendu d'importants services. Le présent rapport a pour but de faire connaître l'organisation et d'étudier les améliorations de ce service.

Les cadres statistiques adoptés par les villes doivent être uniformes, et comprendre des maladies aussi nettement délimitées que possible et non pas des groupes de maladies. Les villes doivent envoyer des bulletins sanitaires réguliers au ministère. Malheureusement ces bulletins sont, dans un certain nombre de villes, remplis avec négligence. La faute n'en est pas aux médecins, mais à l'imperfection du travail de classement des causes de mort, travail confié à des employés sans connaissances médicales.

« C'est le résultat que le Comité directeur des services de l'hygiène pensait obtenir en distribuant des instructions très courtes et très claires, qui apprenaient à l'employé exactement tout ce qu'il avait besoin de savoir. Ces *Instructions* ne sont pas longues, elles sont rédigées de façon à pouvoir être très facilement comprises même par les plus ignorants ; elles ont été distribuées à profusion ; cependant les employés chargés d'élaborer les statistiques sanitaires ne les ont pas lues et ne savent même pas qu'elles existent. Le petit *Dictionnaire des maladies* qui y est joint, et qui est destiné à faciliter le travail même aux plus ignorants, est également inconnu des employés de mairie.

« On comprend que, faute de ces instructions, ils soient embarrassés pour classer les diagnostics formulés ; un employé de mairie n'est pas forcé de savoir que la *tuberculose des poumons* est exactement la même chose que la *phtisie pulmonaire*, etc., et que les décès attribués à l'une et à l'autre doivent être comptés sous la même rubrique.

Que faudrait-il donc pour que les *bulletins sanitaires* devinssent aussi exacts qu'on doit l'espérer? Il faudrait que dans chaque ville de quelque importance, une surveillance plus ou moins active fût exercée sur l'employé chargé d'élaborer la statistique sanitaire. Il n'est pas nécessaire que cette surveillance soit incessante. Il suffit que l'employé soit forcé de connaître les *Instructions* et de s'y conformer.

« Nous exprimons le vœu que dans chacune des villes de plus de 5,000 habitants, le maire veuille bien désigner un médecin s'intéressant à l'hygiène publique, qui recevrait la mission de vérifier, chaque mois, le travail de l'employé chargé d'établir la statistique sanitaire. »

Ce vœu est adopté.

La section a discuté en outre la communication de M. VILLARD (de Paris) sur *l'introduction de la statistique dans les programmes d'enseignement ;* celle de M. ORTIZ (de Bolivie) sur la *démographie bolivienne ;* de M. LONGUET (de Paris) sur *l'état sanitaire de l'armée pendant les dix dernières années ;* M. DRYSDALE (de Londres) a lu un mémoire sur *la statistique des décès dans la ville de Londres.*

La section a adopté les vœux suivants :

1° *Il y a lieu d'exiger la déclaration de tous les produits de la gestation en indiquant le mois de la gestation.*

2° *Il y a lieu de distinguer dans les tableaux de statistique les produits de la gestation qui ont moins de six mois d'âge et ceux qui ont dépassé cet âge.*

3° *Il y a lieu de distinguer les produits de la gestation présentés sans vie à l'officier de l'état civil, mais ayant vécu.*

Elle a en outre adopté la proposition suivante :

La section de démographie du congrès international d'hygiène et de démographie considérant que l'intervention de la sage-femme joue un rôle considérable dans la morti-natalité, que leur nombre et leur peu d'instruction sont deux causes importantes de la morti-natalité, appelle l'attention des pouvoirs publics sur la législation qui les concerne dans les différents pays.

Et le vœu suivant :

La section de démographie considérant : 1° que pour diminuer la mortalité et spécialement la mortalité de l'enfance, il importe avant tout d'en connaître les causes ; 2° le danger des inhumations précipitées, demande qu'aucun individu ne pourra être inhumé sans que son décès soit médicalement constaté.

SECTION VIII. — *Crémation.*

La section VIII s'était réunie le lundi 5 août; elle devait être présidée par le Dr Malachia de Cristoforis, président de la Commission internationale de crémation. En son absence elle élit président M. le Dr Bourneville, et elle décide de se rendre au cimetière du Père-Lachaise pour y assister à une crémation. Il a été décidé là, de concert avec MM. Mesnant, Leroux et Caffort représentant l'administration, que des crémations seraient pratiquées tous les jours à neuf heures et à dix heures et demie et que les membres du Congrès pourraient y assister sur la présentation de leur carte ou de leur insigne.

Il a été décidé en outre qu'une réunion générale aurait lieu samedi 10 août, à dix heures, au cimetière du Père-Lachaise.

La section s'est réunie de nouveau jeudi matin à huit heures sous la présidence de M. Bourneville ; les vice-présidents sont MM. Salomon (de Paris) et Palmberg (de Helsingfors).

M. HAMON fait hommage, au nom de Sir Henry THOMPSON, président de la Société de crémation d'Angleterre, de son livre : *Modern Cremation, its history and practice.*

M. SALOMON donne ensuite lecture d'un très intéressant rapport sur l'histoire de la crémation à Paris. Il rappelle comment cette réforme a été posée et discutée au conseil municipal d'abord, puis au conseil d'hygiène et de salubrité du département de la Seine. Il raconte comment il a été procédé à la construction du crématoire et fait la critique des premières installations.

M. GUICHARD expose les dispositions de son appareil, qui consiste en un nombre variable de dards de chalumeau, alimentés par du gaz d'éclairage et de l'air comprimé. La dépense serait d'une trentaine de francs; la durée ne serait que de quarante minutes : le four n'est allumé qu'après l'introduction de la bière, ce qui évite le flamboiement qui se fait au moment de l'introduction de la bière dans les fours actuels. Il reconnaît que son appareil a l'inconvénient, comme tous les appareils à chalumeau, de produire un bruit assez considérable.

MM. Coste, Normand, Dr Favoir (de Lille), Calfort, Dr Leblé, Bourry prennent successivement la parole. — M. Bourry donne des renseignements très instructifs sur le four crématoire qu'il a installé à Zurich. Ce four fonctionne depuis le 25 janvier 1889, mais il a été inauguré seulement le 15 juin dernier. Une dizaine de crémations y ont déjà été opérées.

Une discussion s'engage ensuite sur les dépenses des crémations faites dans le premier four du crématoire du Père-Lachaise. Ces dépenses, qui s'élevaient d'abord à près de cent francs, dit M. Calfort, étaient tombées à soixante-dix francs pour les dernières crémations. Onze crémations, sur demandes, ont déjà été opérées, sans compter naturellement les crémations expérimentales. La semaine dernière, le nouveau four construit par MM. Toisoul et Fradet a été expérimenté. On y a fait trois crémations successives : la première a duré une heure vingt minutes, la seconde une heure dix minutes, la troisième une heure. On y a fait, en outre, cinq autres crémations. Lundi, ainsi que nous l'avons dit plus haut, trois corps ont été incinérés : mardi, mercredi, jeudi et ce matin, on y a fait de nouvelles incinérations.

M. Guichard signale l'utilité d'étudier tous les détails de l'opération, au point de vue du sentiment, de la pompe à donner à ces cérémonies, et il estime que les incinérations ne doivent pas être publiques, en ce sens que les assistants ne doivent pas être autorisés à regarder les différentes phases de l'opération. Enfin, il propose à la section d'assister à des expériences avec le four qu'il a construit.

Le Président remercie M. Guichard de son offre et met aux voix les conclusions de M. Salomon :

Le septième Congrès international d'hygiène, confirmant les vœux des Congrès internationaux d'hygiène déjà tenus, demande : 1° Que les gouvernements fassent disparaître les obstacles législatifs qui s'opposent encore à la crémation facultative des cadavres ; — 2° Que les gouvernements avisent à organiser la crémation des cadavres sur les champs de bataille.

Et, d'autre part :

Le septième Congrès international d'hygiène émet le vœu qu'il soit créé une commission technique qui serait appelée à donner son avis sur toutes les questions relatives à la pratique de la crémation à Paris.

Ces propositions sont adoptées à l'unanimité.

Le samedi à neuf heures la section, invitée par M. Guichard, assiste, à l'usine à air comprimé rue Saint-Fargeau, à des expériences de crémation ; à dix heures, elle assiste à l'incinération de débris humains au cimetière du Père-Lachaise.

Elle tient séance, samedi à deux heures, sous la présidence de M. Palmberg (Helsingfors).

M. GUICHARD rend compte de la crémation qu'il a faite le matin en présence d'un certain nombre de membres du Congrès, à l'usine de l'air comprimé, rue Saint-Fargeau. L'expérience n'a pas été faite dans des conditions favorables, le four n'était pas tout à fait terminé. Le cadavre du mouton à incinérer pesant 54 kilog. a été introduit dans un cercueil avec mixture : l'expérience a duré quarante-six minutes ; il a été brûlé 190 mètres cubes de gaz et 500 mètres cubes d'air comprimé ont été employés.

Les résidus pèsent 1k,900gr. Le foin contenu dans la panse du mouton y était à peine cuit.

M. LEROUX croit que la combustion incomplète fait hésiter beaucoup de gens pour l'adoption de la crémation ; il invite tous ceux qui s'occupent de la question à faire des expériences accessoires pour arriver des idées aux faits.

M. GUICHARD ne recherche pas exclusivement à obtenir des cendres ; il veut défigurer les os, et il y arrive en les précipitant dans l'eau froide, après la crémation.

M. LEROUX. — C'est là le reproche qu'il fait à la méthode de M. Guichard. Les familles ne veulent pas qu'on manie les restes de leurs proches.

M. BOURNEVILLE remercie M. Guichard de la peine qu'il s'est donnée pour les membres de la section.

M. SALOMON communique un mémoire de M. le Dr Drysdale (à Londres) sur la crémation en Angleterre.

M. CAFFORT communique une note sur le fonctionnement du service de la crémation à Paris : il décrit le four crématoire, au point de vue de la température, de la nature du gaz provenant de l'incinération, des bois à employer pour le chauffage, de la nature des cercueils, des matières désinfectantes, de la sole, des appareils d'introduction, etc. Puis il donne l'extrait d'une délibération du conseil municipal de Paris, datée du 7 août 1889 et fixant le taux des incinérations à 50 fr. sans compter la décoration et la pompe employées.

M. Salomon voudrait que les urnes fussent conservées plus de cinq ans et s'élève contre la délibération du conseil municipal qui limite à cinq ans leur conservation dans le columbarium municipal. Cette décision détournera bien des personnes de la crémation.

M. Bourneville donne un résumé de l'état des incinérations faites dans le monument de la ville de Paris depuis le 1er janvier : il y en a eu 13.

La séance est levée.

Séance de clôture. — La séance solennelle de clôture du Congrès a eu lieu le samedi 10 août à 4 heures, dans le grand amphithéâtre, sous la présidence de M. le professeur Brouardel. Le Congrès, toutes sections réunies, était appelé à donner son approbation aux vœux émis dans les différentes sections. Avant de procéder au vote, M. Brouardel annonce qu'un accident vient d'arriver à M. le Dr Crocq (de Bruxelles) et il propose, au nom du Congrès, d'envoyer prendre de ses nouvelles (adopté).

Le président propose ensuite de considérer comme acquis les votes émis sur les conclusions des rapports. Ces conclusions ont obtenu dans les sections les suffrages des hommes les plus compétents dans chaque branche de l'hygiène, après une étude approfondie et une discussion sérieuse (adopté).

Les vœux, n'ayant pas un caractère international et intéressant la France seulement, seront renvoyés au bureau du Congrès, qui en assurera la rédaction et la codification définitives avant de la transmettre aux autorités compétentes. Les autres ont été adoptés définitivement par le Congrès.

Deux vœux demandent une mention particulière :

Le premier *tend à adresser à M. de Freycinet, ministre de la guerre, des remerciements pour la sollicitude qu'il a bien voulu témoigner à l'armée dans toutes les questions d'hygiène.*

Le second rend un éclatant hommage à un homme, dont le nom était sur toutes les lèvres avant que le secrétaire général ne l'ait nommé.

Le Congrès international d'hygiène et de démographie, réuni à Paris en 1889, émet le vœu que la ville de Paris veuille bien, avec le concours de souscriptions volontaires, ériger à Gennevilliers ou ailleurs un monument à la mémoire de M. Alfred Durand-Claye qui a tant fait pour l'assainissement à Paris et à l'étranger.

Ces deux vœux sont adoptés avec enthousiasme. Puis M. A.-J. Martin, secrétaire général-adjoint, donne lecture des autres vœux, qui sont adoptés.

M. Brouardel ne peut promettre au Congrès de mener tous ces vœux à bonne fin; mais d'ici au Congrès de Londres ces questions seront encore étudiées. Il annonce ensuite que le prochain Congrès se tiendra dans la première semaine du mois d'août de 1891, à Londres. Ce Congrès est déjà dans la période d'organisation et dans quelques mois les questions qu'on y étudiera spécialement seront connues. L'orateur termine, en remerciant ses collègues étrangers, qui ont bien voulu participer aux travaux du Congrès et il exprime le vœu, que les relations cordiales entretenues avec eux sont le symbole et le gage de l'harmonie qui doit régner entre les peuples qui ont été représentés au Congrès de Paris.

M. Roth, au nom de tous les étrangers, remercie le comité du Congrès, ainsi que MM. Brouardel et Napias auxquels on doit le succès de cette réunion.

M. Pacchiotti répudie le mot *étrangers*, dont s'est servi M. Brouardel : il n'y a pas d'étrangers ici, mais des amis.

M. Murphy (de Londres) renouvelle l'invitation des délégués anglais pour le Congrès de Londres et termine en s'écriant : « Je ne vous dis pas adieu, mais au revoir ! »

C'est sur ce mot plein de promesses et résumant les sentiments de toute l'assistance, que la séance est levée.

Les membres du Congrès devaient se retrouver le lendemain, pour la plupart, dans la plaine de Gennevilliers où la ville de Paris tenait à leur montrer les résultats merveilleux obtenus par l'irrigation et l'épandage des eaux d'égout.

Les excursions, les promenades instructives, les réceptions n'ont pas manqué d'ailleurs pendant ces huit jours; le lundi soir, les membres du Congrès étaient invités chez M. le ministre de l'Instruction publique. Le lendemain 6 août, dans une soirée charmante où la plus grande cordialité n'a cessé de régner, M. et Mme Brouardel leur faisaient les honneurs de l'École de médecine. Mercredi, ils recevaient l'hospitalité de la ville de Reims, dont le maire, M. Henrot, est un hygiéniste éminent. La visite du champ d'épuration de la ville était le but du voyage. Reims a dû, dans ces dernières années, se préoccuper de la question à cause de l'infection croissante de la Vesle, infection qui s'étend sur une longueur de 60 kilomètres. Le fond envasé de la rivière ne laisse plus filtrer les eaux qui se répandent dans les propriétés voisines en franchissant les rives. En 1887, la ville traita avec la compagnie des eaux-vannes : celle-ci se chargea de l'épuration de la totalité des eaux d'égout et de toutes les dépenses. Le champ d'assainissement est situé dans un pli de terrain qui le divise en zones supérieure, moyenne et inférieure. Deux aqueducs y amènent l'eau des égouts; le premier déverse ses eaux dans les zones moyenne et inférieure, l'autre aboutit à un bassin où deux puissantes pompes distribuent l'eau dans la zone supérieure.

Cent vingt prises d'eau ont été branchées sur les conduites principales et secondaires. Ces prises consistent en un siphon de $0^{m},300$, émergeant verticalement dans un petit bassin en maçonnerie dans lequel se trouve placée une bonde de fond avec joint en caoutchouc et vis de pression. Les petits bassins de prises d'eau ont une ou plusieurs ouvertures pour la répartition des eaux dans les rigoles des champs irrigués. Les rigoles principales de distribution desservent les rigoles secondaires, qui alimentent à leur tour les billons séparant les planches cultivées et disposées de façon à éviter la submersion et à permettre à l'eau d'égout de circuler autant que possible sans toucher les plantes.

Les plantes se trouvent alignées sur une bande de terrain longue et étroite; elles ne reçoivent pas l'eau directement et ne se nourrissent que par leurs racines. Les planches en forme de billon ont une largeur variable de 0m,90 à 1m,20. Les travaux de préparation des billons se font économiquement au moyen d'instruments agricoles spéciaux à traction de chevaux.

Le système est complété par des canaux d'assainissement de 12 kilomètres de longueur destinés à faciliter l'abaissement de la nappe d'eau sur les terrains inférieurs. — Ce canal reçoit en outre les eaux épurées et les reconduit à la Vesle. — La surface irrigable comprend 500 hectares dont 150 appartenant à la ville de Reims.

Au point de vue de l'épuration, les résultats sont parfaits; l'eau épurée se rend dans les canaux d'assainissement parfaitement limpide et ne présente à l'analyse que quelques traces d'azote à l'état organique. Enfin, l'efficacité des eaux d'égout pour la fertilisation du sol ne laisse également aucun doute.

Il faut ajouter que ce système d'épandage ne donne lieu à aucune émanation désagréable ou nuisible.

Un déjeuner offert par la compagnie des eaux-vannes réunit après les excursionnistes au château des Marets. De nombreux toasts ont été portés au dessert. Après la visite de la cathédrale, de l'église Saint Rémy et des caves de champagne de M. Pomery, la municipalité de Reims conviait à son tour les membres du Congrès à un lunch à l'hôtel de ville. Cette excursion laissera certainement dans la mémoire de tous ceux qui y ont pris part les meilleurs souvenirs.

Le jeudi 8 août à 5 heures, visite au musée d'hygiène de

la faculté et à l'hôpital Lariboisière ; le Dr Lallier y a présenté un appareil destiné à la destruction des crachats des tuberculeux. Le système adopté par M. Lallier sert à tout l'hôpital.

L'appareil construit par M. Guary, ingénieur de l'Assistance publique, est installé dans un petit pavillon : il se compose d'une baignoire où l'eau est portée à l'ébullition ; du fond de la baignoire part un tube d'où s'échappe à volonté un jet de vapeur. Les crachoirs des malades sont apportés dans le pavillon et renversés sur le jet de vapeur à haute pression, qui fait tomber le crachat dans l'eau. Cette eau est envoyée à l'égout. On nettoie ainsi 100 crachoirs à l'heure. La dépense est minime. D'après M. Peyron, 2 kilogr. de charbon suffisent : quant aux hommes qui nettoient ces crachoirs, ils ne sont employés que très peu d'heures par jour et peuvent vaquer à d'autres travaux.

Le soir, la ville de Paris recevait les congressistes à l'hôtel de ville.

Le vendredi 9 août, à 8 heures et demie du matin, visite à l'Exposition universelle : à l'Esplanade des Invalides, palais de l'hygiène, de l'assistance et des eaux minérales, maisons ouvrières, exposition Geneste et Herscher ; — au Champ-de-Mars, pavillon de la ville de Paris, service des eaux, service de l'assainissement, laboratoire municipal de chimie, direction des affaires municipales, service de la statistique démographique, observatoire de Montsouris, où M. Bechmann, directeur du service de l'assainissement de la ville de Paris, et M. Masson, inspecteur principal, ont bien voulu donner toutes les explications nécessaires.

A 5 heures, les membres du Congrès sont allés rendre visite à l'institut Pasteur, que l'illustre savant leur a montré dans tous ses détails.

Le soir un banquet les réunissait de nouveau sur la Tour Eiffel.

De nombreux toasts ont été portés parmi lesquels je citerai ceux de M. Brouardel, levant à M. Pasteur et à la microbiologie, cette fille robuste de la vieille Hygie; de M. Crocq, de M. Bonkowsky-bey, de M. Deckterew et de M. Napias.

Dimanche enfin, 11 août, après une visite aux égouts, des voitures emmènent les membres du Congrès à l'usine élévatoire de Clichy et de là au jardin maraîcher de la ville de Paris, à Gennevilliers. Comme à Reims, ils peuvent constater la valeur des cultures intensives pour l'épuration des eaux d'égouts.

Les explications sont données, avec une amabilité charmante, par MM. Bechmann, Deligny et Masson. Actuellement, il n'y a qu'un tiers des eaux d'égouts utilisé pour la culture; à Gennevilliers, l'utilisation se fait sur 750 hectares; la canalisation est faite pour 900 hectares; bientôt elle se fera sur 800 hectares de terrains domaniaux à Achères, puis sur les terrains achetés autrefois pour un cimetière parisien, à Méry (500 hec.).

Après une promenade à travers la plaine de Gennevilliers, déserte et sablonneuse il y a vingt ans, aujourd'hui couverte d'une végétation luxuriante, les voitures s'arrêtent devant le restaurant Venot, où a lieu le déjeuner offert par la ville de Paris aux membres du Congrès. Ce banquet, présidé par M. Deligny, conseiller municipal de Paris, a été fort gai. Les convives, mis en appétit par le voyage et l'air de la campagne, ont fait honneur aux plats de légumes nombreux, provenant du jardin de la ville irrigué avec l'eau des égouts. M. Deligny a eu fort à faire pour maintenir leur tour de parole à tous ceux qui voulaient une dernière fois parler à leurs collègues. Parmi tous les toasts, je relève les suivants :

M. A.-J. Martin, chargé d'excuser MM. Brouardel et Napias, a rappelé le souvenir de Durand-Claye, son œuvre et ses résultats. Il demande au Congrès de déposer une couronne sur sa tombe. Il rappelle les progrès de l'hygiène dus au conseil municipal de Paris, qui a conservé sa vieille devise, en la modifiant : malgré les fluctuations qui l'agitent, l'hygiène ne sombre jamais chez lui.

M. E. Trélat rend hommage à Durand-Claye, nature extraordinaire, qui s'est donné à la chose à laquelle il croyait. On l'a vu se dépenser, allant partout plaider la bonne cause, la rendant claire, la préparant, se dédoublant. M. Trélat, très ému, termine sa brillante improvisation en demandant, avec M. le sénateur-professeur Pacchiotti, l'érection d'un monument à Gennevilliers à l'illustre ingénieur français, mort à la tâche.

M. Deligny, ingénieur, membre du conseil municipal, représentant la ville de Paris, fait l'historique de l'épuration des eaux d'égouts, et rappelle les bienfaits que l'épandage a rendus à ces terrains de Gennevilliers autrefois incultes.

M. Pommier, maire de Gennevilliers, remercie le Congrès et M. Deligny; il s'associe au vœu de M. E. Trélat, et un monument sera élevé à Durand-Claye sur la place de Gennevilliers.

M. Bechmann remercie de leur visite les membres du Congrès, qui a voulu clore son œuvre en venant constater les applications pratiques des réformes réclamées par les hygiénistes, relativement au tout à l'égout et à l'utilisation agricole des eaux d'égouts.

M. Bourneville demande, aux applaudissements de l'auditoire, que la ville de Paris crée un musée municipal d'hygiène.

MM. Henrot, Gabriel Pouchet, Moralès, Hasler, Bonkowsky-Bey, Smith, prennent successivement la parole.

A voir l'harmonie et la cordialité qui règnent autour des tables, on est d'accord avec M. Hoag de Chicago lorsqu'il affirme, aux applaudissements de tous, que l'hygiène ne connaît ni frontières ni nationalités.

Telle a été la dernière journée du septième congrès international d'hygiène et de démographie.

Ce Congrès a brillamment réussi, il a été la plus imposante de toutes les réunions savantes auxquelles, jusqu'ici, l'Exposition universelle a servi de prétexte. Il surpasse les congrès précédents par le nombre de ses adhérents, par l'excellence de son organisation, par l'importance de ses discussions.

Mais s'il a été possible de fournir en quelques jours un effort de travail aussi considérable, de voter des résolutions d'une portée aussi haute, de grouper des distractions aussi attrayantes, c'est le comité d'organisation qu'il faut en remercier. Aussi les éloges et les félicitations ne lui ont pas manqué durant ces huit jours, et s'il a été à la peine, il a aussi été à l'honneur.

Extrait

des *Annales d'hygiène publique et de médecine légale*

Paris. J.-B. Baillière et Fils.

TABLE DES MATIÈRES

TABLE ALPHABÉTIQUE DES AUTEURS

N

O

P

R

S

T

V

FIN DE LA TABLE ALPHABÉTIQUE DES NOMS D'AUTEURS.

4395-89. — Corbeil. Imprimerie Crété.

CORBEIL. Imprimerie CRÉTÉ.

www.ingramcontent.com/pod-product-compliance
Lightning Source LLC
LaVergne TN
LVHW020025170826
845678LV00001B/126
9782329769950